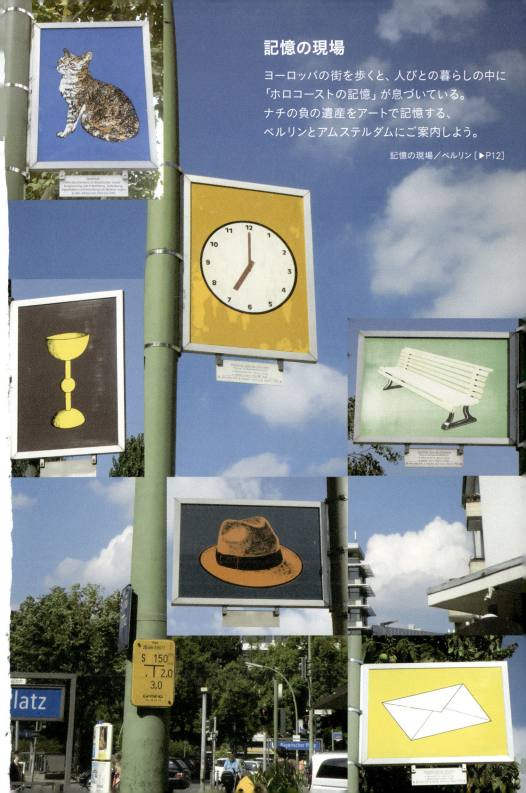

記憶の現場

ヨーロッパの街を歩くと、人びとの暮らしの中に「ホロコーストの記憶」が息づいている。ナチの負の遺産をアートで記憶する、ベルリンとアムステルダムにご案内しよう。

記憶の現場／ベルリン [▶P12]

100個のイス／アムステルダム［▶P61］

アンネが通ったユダヤ人中学校／アムステルダム［▶P50］

メリウェデ広場のアンネ・フランク像／アムステルダム［▶P50］

アンネ・フランク学校／アムステルダム［▶P50］

[記憶の現場／扉頁]

ベルリン・バイエルン地区には、ナチ時代のユダヤ人差別と迫害を記憶する看板があちこちに立っている。シンボル看板の裏には、ユダヤ人の日常生活を規制する法律の条文などが書かれている。

ゴブレット「ユダヤ人は洗礼を受けキリスト教に改宗しても、ユダヤ人であることに変わりはない。差別と迫害から免れない」
　　　　　　　　　　　　　　1936年10月4日

帽子「管理職のユダヤ人は事前通告もなく退職金なしに解雇できる」
　　　　　　　　　　　　　　1938年11月12日

7時「ユダヤ人は夜8時(夏は9時)以降は外出してはいけない」　1939年9月1日

ベンチ「ユダヤ人はバイエルン広場では黄色に塗られたベンチにしか座ってはいけない」　　　　　　　　　　　　　　1939年

ねこ「ユダヤ人はあらゆるペットを飼ってはいけない」　　　1942年2月15日

封筒「その時が来た。明日、私は行かねばならない。もちろん、重苦しい思いだ……。君に手紙を書くつもりだ」
　　　　　1942年1月16日、強制移送の前に

つまずきの石／ベルリン [▶P30]

シュテークリッツの鏡の壁／ベルリン [▶P29]

「安楽死」殺害犠牲者のための
追悼と情報の地／ベルリン［▶P24］

ベルリン・ブーフの強制不妊手術と
「安楽死」殺害の犠牲者記念碑／ベルリン［▶P25］

グルーネヴァルト駅/17番線／ベルリン［▶P18］

虐殺されたシンティとロマのための記念碑／ベルリン［▶P1、26］

「ホロコーストの記憶」を歩く Holocaust Memory Walk
―― 過去をみつめ未来へ向かう旅ガイド

＊国境線は2016年5月現在のもの

バルト海
リトアニア
ロシア領
　カウナス　ヴィリニュス
✕《シュトゥットホーフ》
ダンツィヒ

ロシア連邦

ミンスク
✚《トロステネツ》
ベラルーシ

✚《トレブリンカ》

ポーランド
✚ヘウムノ　ワルシャワ
　　　　✚ソビボル
❋ウッチ

✚《マイダネク》

✚ベウジェツ

✚オシフィエンチム
《アウシュヴィッツ》

ウクライナ

キエフ

スロヴァキア

チラヴァ

ブダペスト
ハンガリー

モルドバ

キシナウ

ルーマニア

ベオグラード
ボスニア
ヘルツェゴビナ
セルビア
サラエボ
モンテネグロ
コソボ　プリシュティナ
ポドゴリツァ　ソフィア
ティラナ　スコピエ
アルバニア　マケドニア

ブカレスト

ブルガリア

黒海

アンカラ

トルコ

ギリシャ
エーゲ海

アテネ

シリア

Prologue
「ホロコーストの記憶」をたどる旅に出かけてみませんか

石岡史子

第二次世界大戦の時、ナチ・ドイツとその占領下のヨーロッパで起きた虐殺、
ホロコースト。
「ユダヤ人」であるという、ただそれだけの理由で、
約600万人が殺されました。
そのうち150万人あまりが子どもでした。

なぜ、ホロコーストは起きたのか。人間が、同じ人間を、差別する。
生きる価値がないものとして命を奪う。
かたちはちがっても、世界にも日本にも、異なるものを排除してきた歴史は
存在します。
憎しみはいったい、どこから生まれたのだろう。
それが知りたくて、ヨーロッパに残るナチの強制収容所跡を
はじめて訪ねたのは、18年前でした。
以来、ホロコーストを生きのびた人びとに話を聞き、その歴史を教材にして、
人間の差別や偏見を、子どもたちとともに学んできました。

ヨーロッパを訪ねると、街のいたるところで、ホロコーストを記憶する
記念碑に出会います。
負の歴史に向き合うことは、悲しく苦しい。
けれども、忘れないための様々な取り組みがあります。
失われたひとつの命を記憶するもの。
虐殺にいたるまでの日常の出来事を伝えるもの。
現代アートと見間違うようなものまで。

＊ナチ党員および支持した人びと全体を表す「ナチスNazis」という
複数形が日本では広く使われてきたが、本書では「ナチ」に統一する。

戦後70年以上の年月を経て、ますます多くのホロコーストの記念碑が、
今を生きる人の手によって建てられています。
道端や公園のかたすみに、旅行者が行き交うにぎやかな観光名所のとなりに。
自国の負の歴史を思い起こさせる記念碑が、
人びとの暮らしのすぐとなりにあります。

それらの記念碑は、見るものに語りかけています。
「おぼえていてほしい」
「二度とくり返さないで」
「あなたなら、どうする?」

グローバル化の時代、国や民族の枠を超えて、
政治も経済も、一人ひとりの暮らしもますます深くかかわりあっていきます。
この共生の時代を、どのように歩んでいけばいいのか。
私たちはどんな社会に生きたいのか。
今なお続く差別や暴力、紛争に、どう向き合っていけばよいのか。
それを考える時、ホロコーストの歴史は大切なヒントを与えてくれます。
ホロコーストを学ぶことは、人間を知ること。そして、世界を知ること。

本書を手にして、「ホロコーストの記憶」をたどる旅に出かけてみませんか。
そして思いをめぐらせてみてください。
過去をみつめることで、私たちはどんな希望ある未来を
かたちづくることができるでしょう。

「ホロコーストの記憶」を歩く Holocaust Memory Walk
──過去をみつめ未来へ向かう旅ガイド

CONTENTS

本書関連ヨーロッパ地図……………………02
Prologue
「ホロコーストの記憶」をたどる旅に出かけてみませんか………………04

Chapter 1 アートで記憶する街ベルリンをめぐる ── 岡 裕人

ベルリン市街 掲載記念碑地図………………………10
記憶の現場……………………12
空っぽの図書館（焚書追悼記念碑）………………14
生への列車 死への列車……………………16
グルーネヴァルト駅「17番線」………………………18
オットー・ヴァイト盲人作業所記念館………………………20
「安楽死」殺害犠牲者のための追悼と情報の地……………24
　ベルリン・ブーフの強制不妊手術と「安楽死」殺害の犠牲者記念碑………25
虐殺されたシンティとロマのための記念碑……………………26
　殺害された帝国議会議員追悼の碑……………………27
　ナチに迫害を受けた同性愛者のための追悼記念碑……………27
誰もいなくなった部屋……………………28
　シュテークリッツの鏡の壁……………………29
決して忘れてはならない恐怖の地……………………32
虐殺されたヨーロッパのユダヤ人のための記念碑……………34
ベルリン・ユダヤ博物館……………………36
Column
ナチに抗った人びとドイツ抵抗記念館＆無言の英雄記念館………………22
ヨーロッパに広がる「ホロコーストの記憶」プロジェクト つまずきの石…………30
Essey
忘却に抵抗するドイツ 記憶をカタチにするベルリン 岡 裕人……………38
History of the Holocaust
なぜホロコーストは起きたのか？ 石岡史子……………40

*本書で紹介している情報は2016年5月現在のものです

Chapter 2 アンネ・フランクの足跡をたずねる —— 石岡史子

アンネ・フランクのたどった道＆アムステルダム市街図……………………48
メリウェデ広場………………………50
隠れ家………………52
オランダ劇場………………………58
アウシュヴィッツ収容所……………………62
ベルゲン・ベルゼン収容所…………………………66

Column
アンネ生誕の地 フランクフルトを歩いてみれば…………………………56
アムステルダムの街中で見つけた「ホロコーストの記憶」…………………60

Voice from Europe
グローバル化する世界で未来の責任を果たすために
アウシュヴィッツがある 中谷 剛……………………64

Chapter 3 海を越えて日本にたどりついた記憶にであう —— 石岡史子

オットー・フランク愛用のタイプライター………………………68
平和のシンボル「アンネのバラ」………………………70
難民を救った「命のビザ」………………………72
9000kmを旅した腕時計………………………74
命を運ぶ「ハンナのかばん」………………………78

Column
助けられた命のメッセージ 日本まで逃げてきた難民たち………………………76
生きのびた少年ジョージ………………………82

Chapter 4 私たちは今、「ホロコーストの記憶」から何を学ぶのか？

［著者対談］石岡史子・岡 裕人………………………84

［資料］Learning about & from the Holocaust
世界のホロコースト博物館………………………90
おすすめブックリスト………………………92
おすすめ映画リスト………………………94
訪問授業・ワークショップ・スタディツアー………………………95

Chapter 1
アートで記憶する街 ベルリンをめぐる

ベルリン市街 掲載記念碑地図

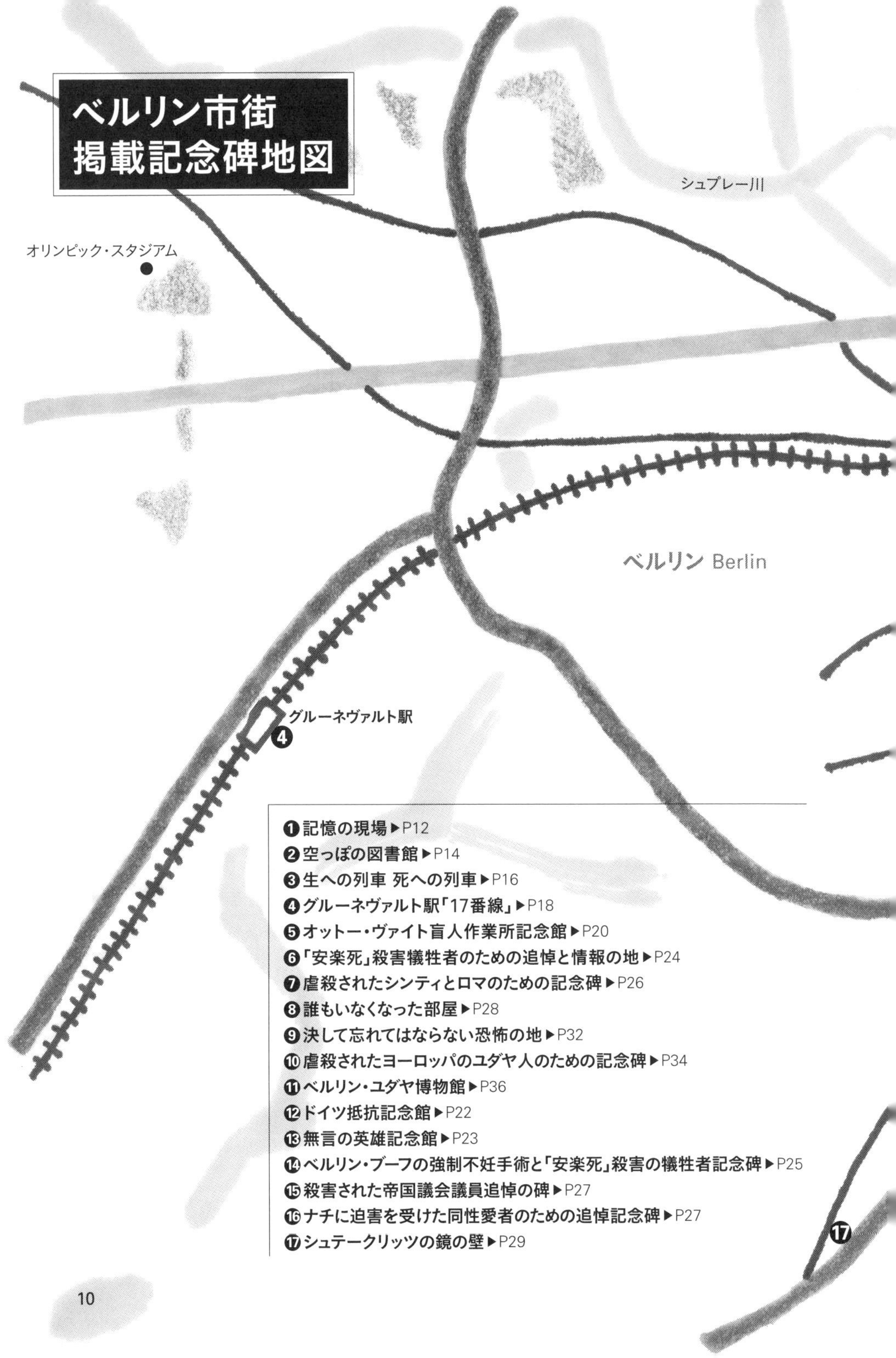

シュプレー川

オリンピック・スタジアム

ベルリン Berlin

グルーネヴァルト駅 ❹

❶ 記憶の現場 ▶P12
❷ 空っぽの図書館 ▶P14
❸ 生への列車 死への列車 ▶P16
❹ グルーネヴァルト駅「17番線」▶P18
❺ オットー・ヴァイト盲人作業所記念館 ▶P20
❻「安楽死」殺害犠牲者のための追悼と情報の地 ▶P24
❼ 虐殺されたシンティとロマのための記念碑 ▶P26
❽ 誰もいなくなった部屋 ▶P28
❾ 決して忘れてはならない恐怖の地 ▶P32
❿ 虐殺されたヨーロッパのユダヤ人のための記念碑 ▶P34
⓫ ベルリン・ユダヤ博物館 ▶P36
⓬ ドイツ抵抗記念館 ▶P22
⓭ 無言の英雄記念館 ▶P23
⓮ ベルリン・ブーフの強制不妊手術と「安楽死」殺害の犠牲者記念碑 ▶P25
⓯ 殺害された帝国議会議員追悼の碑 ▶P27
⓰ ナチに迫害を受けた同性愛者のための追悼記念碑 ▶P27
⓱ シュテークリッツの鏡の壁 ▶P29

⓱

アートで記憶する街ベルリンをめぐる

日常の自由を奪っていったユダヤ人差別と迫害の法律

記憶の現場
Orte des Erinnerns

|制作| Renata Stih & Frieder Schnock |公開|1993年
|住所| Bayerischer Platz, 10779 Berlin（Bayerischer Viertel）
|最寄り駅| Bayerischer Platz（地下鉄U4およびU7）
|HP| http://www.stih-schnock.de/remembrance

反ユダヤ法がシンボル看板に

ベルリン・シェーネベルクにある「バイエルン地区」は、都会の喧騒と観光客のにぎわいから離れた、閑静で緑の多い住宅街だ。歩いてみるとすぐに、あちこちの街灯につけられた「シンボル看板」に気がつく。この街は「記憶の現場」として、ナチ時代のユダヤ人差別と迫害を記憶するモデル地区なのだ。

看板（50cm×70cm）の表側には、ねこ、パン、ケーキ、シャンペングラス、バイオリン、海水パンツ……ありふれた「モノ」がシンボルとして描かれている。他方、その裏側には、反ユダヤ法の条文が記されている。

例えば、「ねこ」の看板の裏には「ユダヤ人はあらゆるペットを飼ってはいけない」、「バイオリン」には「ユダヤ人音楽家の職を禁止する」、「石板」には「ユダヤ人の子どもは学校に通学できない」。

職業や結婚、移住、生活必需品や娯楽、交通機関、さらには子どもの学校や遊び相手まで、ナチは法令によって公然とユダヤ人差別を進めていった。ナチ政権下（1933〜45年）でこんな差別の法が2千以上も出されたという。そこから約80の反ユダヤ法が、シンボル看板と表裏一体になって掲げられているのだ。

アンバランスによって印象深く

制作者のフリーダー・シュノック氏は、「平穏な住宅街に溶け込ませると同時に、看板の表裏のアンバランスによって、見る人の心により印象深く、当時の記憶を刻みつけようとした」と語る。そして、ユダヤ人への差別や迫害は日常生活の中で始まっていったことを伝えようとした。

ナチ時代に多くのユダヤ人を失ったバイエルン地区には、戦後長くそれを記憶する碑が何もなかった。住民の熱心な働きか

バイエルン広場にある「記憶の現場」案内地図と制作者のシュティー&シュノック氏 ©Ian Johnson／New York Review of Books

カフェの店先に「パン」の看板。裏側には「ベルリンのユダヤ人は、食料品を午後4時から5時の間にしか買ってはならない（1940年7月4日）」

けでコンペが開かれ、この「記憶の現場」プロジェクトが選ばれた。1993年、看板がこの地区一帯に掲げられると、「ネオナチ*のしわざだ」と住民が警察に訴え出たこともあったという。ベルリン市民をも驚かせた新たな「記憶」のカタチを、観に行ってみませんか。

＊第二次世界大戦後にナチズムの復興をもくろむ極右勢力。

「20世紀」を記憶するバイエルン地区

「記憶の現場」の看板が点在するバイエルン地区には、「20世紀」を記憶する多くの場所や記念碑がある。

1918年から32年には、ユダヤ人物理学者のアルベルト・アインシュタインが住んでいた。ナチが政権をとる直前に、ここから渡米し、亡命した。かつての居住地や地下鉄駅フロアに記念碑と案内板が置かれている。この地区にはホロコースト犠牲者が最後に居住した地に埋められた「つまずきの石」[▶p30]も多い。

また、地区の南にあるシェーネブルク市庁舎は、東西冷戦時代、西ベルリン政府の本拠地だった。当時米国から贈られた「自由の鐘」は、今も鳴り響く。1963年にJ. F. ケネディ米大統領が群衆に向かって演説したことでも、歴史に名を残す。玄関の壁には記念板がはめ込まれている。

アートで記憶する街ベルリンをめぐる

本が焼き払われた夜

空っぽの図書館(焚書追悼記念碑)
Bibliothek (Denkmal zur Erinnerung an die Bücherverbrennung)

設計 Micha Ullman 完成 1995年
住所 Bebelplatz, 10117 Berlin 最寄りバス停 Staatsoper

白く浮き上がる本棚

　ベルリン中央の大通り、ウンター・デン・リンデンにそって建つフンボルト大学本館の向かい、ベルリン国立歌劇場のそばに「ベーベル広場」がある。広場の中ほど、何やら人が集まって下を見ている。いったい、何があるんだ？

　石畳には、強化ガラスの四角い窓がはめ込まれ、地下の一室をのぞき込める。何もないがらんとした真っ白な空間のようだが、よく目を凝らしてみると、空の本棚だ。あたりが暗い時なら、それが虚しいほどに浮き上がって見える。これが「空っぽの図書館」だ。

　1933年5月10日、ナチに導かれ、その精神に感化され高揚した学生たちが、当時「オペラ広場」と呼ばれたこの場所で、ナチの思想に反するあらゆる書物を焼き払った。その数、約2万冊と言われる。空っぽの図書館は、この悲しく愚かな事件を思い起こす警告の記念碑だ。

国民を巻き込む思想統制

　ナチの勢力拡大は、用意周到にドイツ国民全体を巻き込んで、それを最大の支えにして進められた。1931年頃から、ドイツの全大学の学生連盟もナチの影響をますます強く受けるようになる。

　1933年初めにナチが政権をとると、その指導下に学生たちは「非ドイツ精神に反対する行動」を展開した。その頂点となる式典として、1933年5月10日にベルリンをはじめ、さらに全国21の大学町で「焚書（書物の焼き払い）」が行われたのである。学生連盟は全学生に「腐敗したユダヤ精神を糾弾せよ」と呼びかけた。そして各図書館に押しかけ、さらに個人の家の書棚からも

1933年5月10日、ベルリン・オペラ広場（当時）では「非ドイツ的な本」がSA（ナチの突撃隊）と大学生によって燃やされた ©USHMM

ベーベル広場の「空っぽの図書館」をのぞき込んでいる人びと

本を押収し燃やした。ユダヤ人や共産主義者のほか、ナチになじまないすべての学者や作家が標的となった。

学生の本分は学問であるにもかかわらず、学問の糧として人類の英知を記した書物を焼き払うとは、正気の沙汰ではない。また学問の本質には批判精神がある。ナチ時代、ほとんどの学生、教員や学者が、批判精神を鈍らせ、ナチの思想統制に甘んじてしまったのである。

元来、ドイツでは古くから書物を大切にしてきた。各地に図書館や文書館があり、本の国際見本市も500年の歴史をもつ。戦後ドイツの教育が批判精神の育成を強調するのも、過去を省みるからだ。

「書物が焼かれるところでは、いずれ人間も焼かれるようになる」

ナチに敵視され、焚書で焼かれた本の著者は、日本でも有名な学者や作家が多い。経済学のカール・マルクス、精神分析学のジークムント・フロイト、物理学のアルベルト・アインシュタイン、劇作家のベルトルト・ブレヒト、児童文学作家のエーリヒ・ケストナー、詩人のハインリヒ・ハイネなど。彼らの多くは国外追放や亡命を強いられ、国内に残った者は強制収容所送りなどナチの迫害を受けた。行き場のない状況に絶望し、自殺した者も少なくない。

ハイネは戯曲『アルマンゾル』(1823年)の中で「これは序章にすぎない。書物が焼かれるところでは、いずれ人間も焼かれるようになる」と書き残した。その後を予言したこの言葉が、ベルリン焚書の警告板に刻まれている。

アートで記憶する街ベルリンをめぐる

ユダヤ人の子どもたちの二つの運命

生への列車 死への列車
Züge ins Leben – Züge in den Tod

製作 Frank Meisler　公開 2008年
住所 Bahnhof Friedrichstraße, Georgenstraße, 10117 Berlin
最寄り駅 Bahnhof Friedrichstraße（Sバーン／Uバーン）
HP http://www.kindertransporte-1938-39.eu

■子どもたちを救え！

　ベルリン中央のフリードリヒシュトラーセ駅。ひっきりなしに人が行き交う繁華街の駅前に、2組の子どもたちのブロンズ像が立つ。子どもたちは、プラットホームでそれぞれ反対方向に歩き出そうとしている。かたや「生への列車」に、かたや「死への列車」に乗り込むのだ。

　西に向かう2人は、緊張しつつも勇気をふるって一歩を踏み出そうとしている。ブロンズの色も明るい。東に向かう5人は、胸に「ユダヤの星」をつけ、恐怖と不安で足取りが重く、ブロンズの色も暗い。

　1933年にナチが政権をとると、ユダヤ人差別の政策を次々と強行し、ついに1938年11月9日「帝国ポグロム（迫害）の夜事件」[▶P42]が起こる。ナチはドイツ全土でいっせいにユダヤ人の商店や礼拝堂を襲撃した。多くのユダヤ人男性が強制収容所に連行され、ユダヤ人の子どもたちは、公立学校に通うことが禁止された。

　ナチのユダヤ人迫害が激化するのを見た国外のユダヤ人救援団体は、ナチ支配下のユダヤ人の子どもたちを難民として、イギリスで受け入れる手はずを整えた。そして、1938年11月末から39年9月初めにかけてドイツ、オーストリア、ポーランド、チェコスロヴァキア（当時）の約1万人の子どもたちがイギリスに送られ、救出された。

　かたや亡命できなかった子どもたちはナチにより強制収容所に送られ、ほとんどが病死か虐殺により、命を絶たれた。その数は150万人以上といわれている。

■なぜ自分だけが生き残ったのか

　運よく「生への列車」に乗ることができた子どもたちは、その後どんな人生を送ったのだろうか？

　突然の両親との別れに悲嘆にくれる間もなく、イギリスに上陸したものの、ホストファミリーに迎えられた者はわずかで、多くが養護施設に入れられた。後に両親と再会し一緒に他国へ亡命する計画だった者もいたが、連絡は途絶えてしまう。1939年9月にドイツが大戦を始めると、子どもの移送もできなくなった。結局イギリスに亡命した子どもたちのほとんどが、生きの

ベルリン有数の繁華街にある
「生への列車 死への列車」の像

びることと引き換えに孤児になったのだ。戦後もトラウマに悩まされ、孤児の寂しさに加えて「なぜ自分だけが生き残ったのか」と罪悪感に苦しんだ。

　ホロコーストで虐殺された者も、生きのびた者も、一番の被害者は子どもだったのである。

運命を記憶する4つの地

　「生への列車 死への列車」を作ったのは、彫刻家のフランク・マイスラー。実は彼自身、「生への列車」に乗って、イギリスにわたり、生きのびたユダヤ人の子どもの一人だった。

　故郷のダンツィヒ(旧ドイツ、現ポーランド)、ベルリン、イギリスへの船が出る港町ヘック・ファン・ホランド(オランダ)、そして終着駅となったロンドンのリバプール・ストリート駅。マイスラーは、実際に自分がたどった4つの記憶の地に、それぞれ子どもたちのブロンズ像を作り設置した。

　ベルリン・フリードリヒシュトラーセ駅の記念像には、訪問者も多く、花が手向けられている風景も日常だ。なかには高齢になった生存者もいると聞く。

ドイツを出発する列車に乗り込んだ子どもたち

イギリス行きの「生への列車」に乗車した
8歳の女の子のパスポート。上下ともに1938年撮影
©USHMM

アートで記憶する街ベルリンをめぐる

「死の収容所」への始発駅

グルーネヴァルト駅「17番線」
Mahnmal Gleis 17–Berlin Grunewald

設計 「17番線」／建築家チーム "Hirsch, Lorch und Wandel"　完成 1998年
設計 壁石碑／Karol Broniatowski　完成 1991年
住所 Am Bahnhof Grunewald 1, 14193 Berlin
最寄り駅 Grunewald (Sバーン)

貨物列車につめ込まれて

　ベルリン市街地の西端にあるグルーネヴァルト駅。緑の森に囲まれた静かな地に、大きな時計のついたレトロでかわいい駅舎が建っている。この駅の構内に、今では使われなくなった「17番線」が、追悼記念施設として公開されている。1941年秋から1945年春まで、この17番線から、ベルリンのユダヤ人を強制移送する列車が次々と発車した。

　1941年10月18日、ベルリンのユダヤ人1,251人を乗せた帝国鉄道の特別列車が、ポーランドのウッチ（ドイツ語でロッヂ）のゲットー（ユダヤ人強制居住区）に向けて、はじめてグルーネヴァルト駅を出発した。

　1942年夏からは、ナチはユダヤ人を殺害目的で、直接アウシュヴィッツのような絶滅収容所に送り込むようになった。移送には家畜用などの貨物列車が使われ、一両に100人以上が押し込まれることも稀ではなかった。貨車の窓は小さく、換気も十分でない。目的地まで水も食糧も与えられず、トイレもない。病人、老人、子どもなど、移送中に命を落とす者も多かった。こんな劣悪な状況にもかかわらず、帝国鉄道は移送運賃を各地区のユダヤ人団体に請求したという。

　こうして1945年3月までに、計186回、約5万人のユダヤ人が、ベルリンから強制移送されたのである。

墓碑となった鉄のプレート

　記念碑となった17番線のプラットホームには、186枚の鉄のプレートがはめ込まれている。186回のすべての強制移送について、一枚ずつ、ここから出発した日付、移送したユダヤ人の数、目的地が刻まれている。ドイツ再統一後、かつて帝国鉄道がナチのホロコーストに加担した過去を省

追悼施設「17番線」

鉄のプレートに刻まれた記憶「1944年8月10日、ユダヤ人33人 ベルリン発アウシュヴィッツ行き」

グルーネヴァルト駅舎

みて、ドイツ鉄道（帝国鉄道の系譜を受け継ぐ）が改修し、追悼施設として公開するにいたった。

　今日ドイツ内外から多くの人がここ「17番線」を訪れている。鉄のプレートには、ところどころ生花が置かれている。186枚のプレートは、犠牲者一人ひとりの墓碑と同じ意味をもつのだろう。

現代を生きる人間への「警告の碑」

　グルーネヴァルトの駅舎の前から追悼施設「17番線」に向かう道に沿って、コンクリートの大きな壁の石碑がある。この壁には、強制連行されたユダヤ人が並んで歩かされているさまをイメージした、悲しげな人型が刻み込まれている。その傍らには「人間の生命や尊厳をないがしろにするいかなることにも、勇敢に躊躇なく立ち向かわなければならない」と警告する碑が立っている。

　また駅前広場には、ポーランドの芸術家が始めた「忘却に抵抗する」プロジェクトにより、アウシュヴィッツ強制収容所記念施設付近から持ってこられた白樺の木が植えられている。ホロコーストの出発点と終着点を結び、常に記憶を新しくしようとする取り組みだ。

警告の石碑

1章　アートで記憶する街ベルリンをめぐる

アートで記憶する街ベルリンをめぐる

ユダヤ人の視聴覚障がい者をかくまったベルリン市民

オットー・ヴァイト盲人作業所記念館
Museum Blindenwerkstatt Otto Weidt

公開 2006年
住所 Rosenthaler Str. 39, 10178 Berlin
最寄り駅 Hackescher Markt (Sバーン) ／ Weinmaisterstr (Uバーン)
HP http://www.museum-blindenwerkstatt.de

ブラシは「重要軍需品」

古い作業机が当時のままにずらりとならぶ。壁には保護されたユダヤ人従業員たちの笑顔の写真や、彼らが生きのびるために作ったブラシも展示されている。かくまった秘密の小部屋もある。オットー・ヴァイト盲人作業所は、跡地がそのまま記念館として公開されている。

1936年、自らも視覚障害をもつオットー・ヴァイトは、ブラシ作りの工房を開き、目や耳の不自由なユダヤ人を雇った。国防軍にブラシやほうきは欠かせないとして、SS（ナチの親衛隊）に「重要軍需品」に認めさせることにも成功した。この認可により、1939年の戦争開始後も、ユダヤ人を

強制労働者として雇い続けることができたのだ。もっと多くのユダヤ人を保護したい、そんな思いで1940年に作業所をローゼンターラー通りに移し、拡張した。ナチから逃亡を続けるユダヤ人とその家族にとって、この作業所は最後の隠れ家になったのだ。ヴァイトは彼らをかくまい、逃亡を手伝った。必要な資金はブラシやほうきを闇市で売って稼いだ。

1943年、いっせい逮捕により多くのユダヤ人従業員がナチに強制連行されるが、ヴァイトは最後まであきらめない。ゲシュタポ（ナチの秘密国家警察）に賄賂を贈って、連れ戻したこともあった。

支援を惜しまぬ仲間たち

ヴァイトの周りには仲間が大勢いた。闇市で食糧を調達し、自分の家にユダヤ人をかくまった者。妻がユダヤ人でなかったために強制連行を免れていたユダヤ人医師は、かくまわれた人びとの治療にあたっ

工場で働く従業員たちとオットー・ヴァイト氏（頁右上）
©Stiftung Gedenkstätte Deutscher Widerstand

作業台がならぶ記念館の内部

た。ある印刷業者は身分証明書を偽造した。強制収容所に囚われた従業員に150個もの食料品の小包を送った人たちもいた。彼ら、ユダヤ人保護と支援に尽力した者たちは、みな普通の市民だったのだ [▶P22]。

こうして、ヴァイトはたくさんのユダヤ人を保護したが、強制移送を先のばしにはできても止めることはできず、絶滅収容所に送られ、ナチに殺害された者も少なくなかった。

ローゼンターラー通り39番地

ベルリン中央、ローゼンターラー通り39番地にある屋敷は、入口は狭いが内庭をもった古い建物が奥へ奥へと続いている。1995年以来「ハウス・シュヴァルツェンベルク」と呼ばれ、芸術家のアトリエ、バー、ギャラリー、歴史記念館や映画館など、さまざまな施設が同居し、サブカルチャーの発信地となっている。

偶然にもベルリンの博物館学科の学生たちが、この屋敷内で空き部屋となっていた、かつてのオットー・ヴァイト盲人作業所を見つけ

た。1999年に彼らがここで盲人作業所の展示会をしたことがきっかけとなり、2006年に「オットー・ヴァイト盲人作業所」常設展示館、2008年にはナチに抵抗した市民を紹介する「無言の英雄記念館」がオープンした。2002年以来、「アンネ・フランクセンター」もここに置かれている。

ナチスに抗(あらが)った人びと
ドイツ抵抗記念館 &
無言の英雄記念館

ドイツの戦争の記憶といえば、ナチの非人道的な加害者、犯罪者としての側面ばかりが強調されてきた。実はナチ時代のドイツ国内にも、ナチに抵抗した人びとがいたのだが、戦争責任を認めて謝罪する立場をとった戦後ドイツでは、特例をのぞいて、ほとんど注目されてこなかったのだ。「無言の英雄」と呼ばれる勇気ある市民に光があてられ始めたのは、ようやく近年になってからだ。

命をかけた熱い抵抗

戦時中ドイツ国内で、命の危険を顧(かえり)みずナチやヒトラーに真っ向から抵抗し、戦後に抵抗のシンボルと見なされてきたのがショル兄妹（ハンスとゾフィー）だ。二人はミュンヘン大学の学生で、ハンスをリーダーとする抵抗グループ「白バラ」の仲間とともに、ナチ批判のパンフレットを作成して大学構内でばらまき続けた。しかし1943年2月18日、二人は活動中に見つかってしまい、死刑判決を受けて即処刑された。

ドイツ国防軍の将校としてヒトラーに抵抗したクラウス・フォン・シュタウフェンベルクも、戦後ドイツで英雄視され

ショル兄妹

てきた。1944年7月20日、仲間とともにヒトラーを暗殺してクーデターを起こす計画（「ヴァルキューレ作戦」）を試みるが、失敗に終わる。翌日逮捕され、銃殺刑となった。

1939年11月8日、大工職人のゲオルク・エルザーは、ミュンヘンのビアホールで演説するヒトラーを狙って時限爆弾を爆破させたが、暗殺は失敗に終わる。彼は逮捕され、ダッハウ強制収容所で取り調べをうけた後、処刑された。

こうしたドイツの熱い抵抗について紹介する「ドイツ抵抗記念館」は、旧国防軍最高司令部の建物にある。かつてシュタウフェンベルク大佐の事務室があった場所が展示室となり、中庭には1944年7月20日事件の追悼碑がある。

7月20日事件の追悼碑

国防軍の抵抗者

市民による静かな抵抗

　ナチ支配下のヨーロッパでホロコーストを生きのびたユダヤ人が数万人いた。ドイツ国内では約5千人、ベルリンだけで約1400人が生き残ったといわれている。彼らはみな、非ユダヤ人の助けや協力を得て生きのびることができたのだ。2008年に開館したベルリンの「無言の英雄記念館」では、ユダヤ人を援助した市民の記憶を集め、紹介している。

　映画で有名になったオスカー・シンドラーは、軍需工場経営者としてゲットーからユダヤ人を雇い入れることで彼らが絶滅収容所送りになるのを防いだ。同様にオットー・ヴァイトもユダヤ人を彼の作業所に雇うことで保護し、逃亡するユダヤ人家族をかくまった [▶P20]。この二人は、イスラエルより「諸国民の正義の人」と称えられている [▶P45]。

　また、当時ベルリン市民の中に、市内に潜むユダヤ人を助けるネットワークが密かに作られていた。エリザベート・アプエッグもその一員で、1943年から45年までに12人のユダヤ人を自宅にかくまった。約80名からなる援助者たちは、ユダヤ人に衣食住、金銭を提供し、証明書偽造も手伝った。

　ルイーゼ・マイアーらは、ユダヤ人のスイスへの亡命を援助した。まず逃亡者を自宅にかくまい、ベルリンからドイツ南端、スイスとの国境の町まで列車で送り届ける。そこには次の援助者がいる。逃亡者はかくまわれ、支援を受けて密かに国境を越えた。こうして28人のユダヤ人をスイスに亡命させたのだ。

　ドイツ市民の援助者の全貌はまだつかめていない。戦後は長く、援助者の存在や働きを十分に評価してこなかったのだ。それに彼らの多くは、「人間として当然のことをしたまで」と、名乗り出ることをしなかった。「無言の英雄」の記憶の掘り起こしはさらに続く。

ドイツ抵抗記念館
Gedenkstätte Deutscher Widerstand
住所 Stauffenbergerstr. 13-14, 10785 Berlin
最寄り駅 Tiergartenstraße(バス200)、
Gedenkstätte Deutscher Widerstand(M29)、
Potsdamer Platz(Sバーン、Uバーン)
HP http://www.gdw-berlin.de

無言の英雄記念館
Gedestätte Stille Helden
住所 Rosenthaler Str. 39, 10178 Berlin
（オットー・ヴァイト盲人作業所記念館のとなり）
最寄り駅 Hackescher Markt(Sバーン)、
Weinmeisterstr(Uバーン)
HP http://www.gedenkstaette-stille-helden.de

アートで記憶する街ベルリンをめぐる

「T4計画」で抹殺された精神病患者と障がい者

「安楽死」殺害犠牲者のための追悼と情報の地

Gedenk-und Informationsort für die Opfer der nationalsozialistischen "Euthanasie"-Morde

設計 Ursula Wilms, Nikolaus Koliusis, Heinz W. Hallmann
完成 2014年
住所 Tiergartenstraße/Herbert-von-Karajan-Straße, 10785 Berlin（ベルリンフィルハーモニー脇の広場）
最寄り駅 Potsdamer Platz（Sバーン／Uバーン）／Philharmonie（バス200／M41）
HP http://www.stiftung-denkmal.de

アーリア人の血をけがす者

世界的に有名なドイツのオーケストラといえば、多くの人が「ベルリンフィルハーモニー管弦楽団」を思い浮かべるだろう。その本拠地であるコンサートホール「ベルリンフィルハーモニー」は、ベルリンで最も華やかな娯楽街、ポツダム広場のはずれにある。

実は、ここにかつてナチの「安楽死」殺害計画の総本部が置かれていた。ティーアガルテン通り4番（Tiergartenstraße 4）にあったことから、コードネームで「T4計画」と呼ばれた。

ナチは極端な人種差別主義、「アーリア人（ドイツ民族の祖とされる）が最も優秀で、他のすべての人種を支配する」という思想のもとに、さまざまな迫害政策を行った。ユダヤ人が最もけがれ、最も害のある人種とされたため、ホロコースト最大の被害者となった。だが、迫害を受けたのはユダヤ人だけではない。アーリア人の血をけがし、人類の崇高な進化を妨げる者として、精神病患者や精神および身体に障がいをもった者も迫害の対象となったのである。

医師や介護者の手により実行された

1933年、ナチは政権をとると間もなく「遺伝病の子孫誕生を防止する法」を制定し、女性の精神病患者や障がい者の強制不妊手術を始めた。1939年9月の大戦開始とともに、ドイツ中の病院や養護施設で、組織的に患者の「安楽死」殺害が行われるようになる。医師や介護者の手により実行され、証拠隠滅のため死体はすべて焼却し、遺族には嘘の死因を記したお悔やみ状を送った。あまりに突然で不審な死に遺族たちは納得できない。やがて世論も騒ぎ始めたため、1941年8月にT4計画は表向きにはいったん中止されたが、実際にはその後もナチ支配下のヨーロッパ全域で「安楽死」殺害は続いていく。

T4計画だけで約7万人、ヨーロッパ全体で約30万人が犠牲になったと推測されるが、正確な数はわからない。「安楽死」殺害の事実は長い間黙殺されてきたからだ。近年ようやくその解明が始まったばかりだ。

ベルリンフィルハーモニー管弦楽団のコンサートホール脇に真っ青なガラスの壁が建てられている。ベルリンの光と影を感じる場所だ

ベルリン・ブーフの犠牲者モニュメント

20世紀初めから、ベルリン・ブーフの療養所には、精神病患者の施設があった。1933年以降、ここでも女性患者約800人が無理やり不妊手術を施され、患者2800人以上が強制移送により殺された。多くがガス室送りになったほか、薬物の過剰投与や絶食処置により「安楽死」殺害が行われた。またブーフの施設は、ユダヤ人精神病患者の一時収容所としても使われた。ブーフの跡地には現在私立病院がたっている。ナチの犯罪を記憶するモニュメントが完成したのは、2013年11月のことだ。各地で地域史の掘り起こしが始まり、戦後70年が経った今でも、ホロコーストの隠された史実が明るみに出されている。

病院の広い中庭に置かれた白く大きなクッション型のオブジェ。表面には犠牲者の名前が刻まれている

ベルリン・ブーフの強制不妊手術と「安楽死」殺害の犠牲者記念碑
Denkzeichen in Berlin-Buch für die Opfer der Zwangssterilisation und "Euthanasie"-Morde
設計 Patricia Pisani 完成 2013年
住所 Schwanebecker Chaussee 50, 13125 Berlin 最寄り駅 Buch (Sバーン)

アートで記憶する街ベルリンをめぐる

抹殺対象になったもうひとつの民族

虐殺されたシンティとロマのための記念碑
Denkmal für die im Nationalsozialismus ermodeten Sinti und Roma Europas

設計 Dani Karavan　完成 2012年
住所 Simonsweg, 10557 Berlin
最寄り駅 Bundestag／Brandenburger Tor (Uバーン)
HP http://www.stiftung-denkmal.de

インドを起源とする移民たち

静かに水をたたえる丸い泉。その中心に浮かぶ三角の石盤には一輪の生花が置かれ、周りを囲む敷石にはところどころ強制収容所の名が刻まれている。ドイツ連邦議会（旧帝国議会）議事堂のすぐそばの林の中に「ナチに虐殺されたヨーロッパのシンティとロマのための記念碑」がある。

ナチによるホロコーストの被害を受けたのはユダヤ人だけではない。少数民族としてユダヤ人に次いで多くの犠牲者を出したのは、「シンティとロマ」だ。インドを起源とし、数世紀にわたってヨーロッパに移住したさまざまな民で、ドイツでは「ツィゴイナー（ジプシー）」と総称されて差別を受けてきた。劣悪な人種としてナチによる民族抹殺の対象となり、犠牲者の数は50万人にのぼると推定される。過去を省みて、近年この総称「ツィゴイナー」は使われなくなった。

ユダヤ人だけを追悼するのか？

こうした民族殺りくの歴史があったにもかかわらず、シンティとロマの犠牲者については長い間黙殺されてきた。それは、現在まで彼らに対する根強い差別が続いているからだ。物乞いや盗人、放浪の民といった偏見がいつまでもまとわりついている。1980年代になってようやく、ドイツ政府が彼らに対する虐殺の事実を認めた。1990年代にはベルリンにホロコースト記念碑を作る計画がもちあがり、「犠牲者としてユダヤ人だけを追悼する記念碑でよいのか」と激しく議論された。結局ドイツ連邦政府の責任において、ユダヤ人記念碑とは別に、シンティとロマの犠牲者のために追悼記念碑を作ることになった。計画から20年、2012年にようやく完成したのである。

記念碑の泉のふちにはイタリアのロマ、サンティノ・スピネリの詩『アウシュヴィッツ』の一節が記されている。≪やせこけた顔／輝きを失った目／冷たい唇／静寂／引き裂かれた心／息もなく／言葉もなく／涙もなく≫。空間に物悲しいヴァイオリンのモノトーンが響き渡る。ドイツのシンティ、ロメオ・フランツの調べは、少数民族の声なき声を表すかのようだ。

イスラエル人芸術家の作。石と水と音が織りなす空間。木立の間からドイツ連邦議会が近くに見える

帝国議会議員、同性愛者を悼む

1933年ナチ政権の成立直後に、帝国議会が炎上する事件が起きた。ナチは直ちに左翼による放火と決めつけ、政治家や運動家を逮捕し強制収容所に送った。その時、命を落とした帝国議会議員は96人を数える。2008年、追悼記念碑が連邦議会議事堂前に完成した。

同性愛者もナチに迫害された。1935年に刑法で同性愛が犯罪となり、多くの男性同性愛者が懲役刑となった。強制収容所に連行されて死んだ者、殺された者も多い。戦後も長く、同性愛が違法とされる。2008年、ティーアガルテン公園内に追悼記念碑が建てられた。

殺害された帝国議会議員追悼の碑
Mahnmal zur Erinnerung an die ermordeten Reichstagsabgeordneten
設計 Appelt, Eisenlohr, Müllerほか 完成 1992年
住所 Platz der Republik/Scheidemannstraße 10557 Berlin
最寄り駅 Bundestag (Uバーン)

ナチに迫害を受けた同性愛者のための追悼記念碑
Denkmal für die im Nationalsozialismus verfolgten Homosexuellen
設計 Elmgreen & Dragset 完成 2008年
住所 Eberstr (沿い公園内)、10117 Berlin
最寄り駅 Potsdammer Platz
(Uバーン／Sバーン)

上が帝国議会議員、右が同性愛者の追悼の碑

1章 アートで記憶する街ベルリンをめぐる

アートで記憶する街ベルリンをめぐる

ベルリンから強制連行されたユダヤ人

誰もいなくなった部屋
Der verlassene Raum

設計 Karl Biedermann　完成 1996年
住所 Koppenplatz, 10115 Berlin
最寄り駅 Rosenthaler Plaz (Sバーン)

市民が憩う公園でひっそりと

　ベルリン中央、表通りから外れたコッペン広場（ミッテ）には、静かで陽あたりもよく市民がほっと一息つく公園がある。芝地を囲むようにベンチが置かれ、幼い子ども連れの母親や老夫婦、犬の散歩の途中に立ち寄る人など、訪れた人は思い思いに過ごしている。

　そんなのどかな公園の芝地には、ブロンズ製の机1台と椅子2脚が。片方の椅子は無造作に倒れている。よく見ると、寄木造りの四角い床の上に置かれている。

　この部屋の住人だったユダヤ人はナチに強制連行され、今では「誰もいなくなった部屋」。部屋のあるじはガス室送りとなって殺され、焼却された。あるじはいつまで待っても戻らない。後には机と椅子が残るだけ。この作品は、そんな理不尽で悲しい記憶を、市民の憩いの場でひっそりと伝えている。

　ナチ時代、ベルリンから強制連行され、殺害されたユダヤ人は5万人以上にのぼる。コッペン広場付近からも多くのユダヤ人が強制連行されたのだ。

ネリー・ザックスの詩

　この部屋の床の四辺には、ベルリン生まれのユダヤ系女流詩人ネリー・ザックス（1981-1970）の詩の一節（詩集『死の家の中で』より）が刻まれている。
　おお　死神の住処（すみど）
　もとは客だったのに今や主人となった
　この者の心を
　そそるようにしつらえた家――
　おお　おまえたち指
　生と死のはざまのナイフのように
　入口に敷居をしく指――
　おお　おまえたち煙突、
　おお　おまえたち指、
　そして煙となって空をゆく
　イラエルのからだ！

（綱島寿秀編・訳『ネリー・ザックス詩集』
未知谷発行 より）

　ザックスは1940年、ナチの迫害を逃れてスウェーデンに亡命し、戦中戦後を通してイスラエルの運命を伝える作品を書き続けた。その功績により、1966年にノーベル文学賞を受けている。

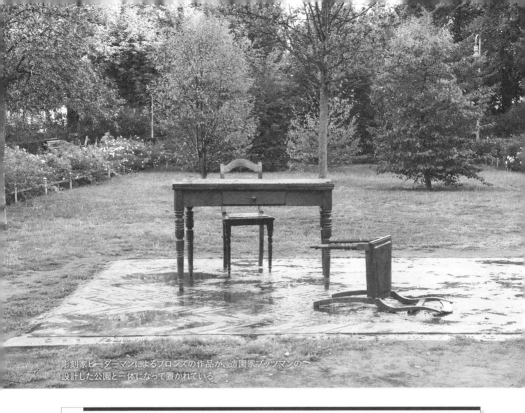

彫刻家ビーダーマンによるブロンズの作品が、造園家ブッツマンの設計した公園と一体になって置かれている

シュテークリッツの鏡の壁

　ベルリン南西部のシュテークリッツ地区には、かつてユダヤ人団体の集会所とシナゴーグ（ユダヤ教の会堂）があったが、1938年の帝国ポグロム（迫害）の夜事件[▶p42]で襲撃を受け、荒れ果ててしまった。1941年以降、この地区からも多くのユダヤ人が収容所へ連行され帰らぬ人となった。現在、シナゴーグの跡地近くの広場に、大きな鏡張りの壁が建っている。2人の建築家が歴史家の協力を得て作った追悼記念碑だ。よく見ると、周りの景色が映るその鏡の壁には、ユダヤ人の子どもたちの姿やシナゴーグ、そして犠牲者の名前が刻み込まれている。この地区やシナゴーグの歴史について説明も記さている。

　この他にもベルリンのユダヤ人犠牲者を追悼し迫害の記憶を伝える記念碑が、市内各地に置かれている。

シュテークリッツの鏡の壁
Steglitzer Spiegelwand
設計 Wolfgang Göschel, Joachim von Rosenberg
完成 1995年
住所 Düppelstr. 41, 12163 Berlin
最寄り駅 Rathaus Steglitz (Uバーン／Sバーン)

鏡には、ベルリンから強制移送されたユダヤ人のリストから1723人の名前が刻まれている。うち229人がシュテークリッツ地区からの移送者である

ヨーロッパに広がる
「ホロコーストの記憶」プロジェクト

つまずきの石

ヨーロッパの街を歩くと、石畳に10cm四方の真ちゅうのプレート、
「つまずきの石」が埋め込まれているのをよく目にする。しゃがみこんで見てみると、
名前、生まれた年、死亡した年と場所などが刻まれている。
その人物は、収容所へ強制連行される直前、
最後にそこで暮らしていたホロコーストの犠牲者なのだ。
ひとつの石が、一人の人生、ひとつの命の重みを語りかけている。

身近な現実を受け止めるならば

ベルリン出身のドイツ人芸術家グンター・デムニヒが、「つまずきの石」の構想を練り始めたのは1993年だった。

「600万というユダヤ人犠牲者の数は抽象的すぎる。でも近所に暮らしていた家族に起きた出来事なら、身近な現実として受け止められるだろう」。

デムニヒは、1996年にはじめて「つまずきの石」をベルリンに埋めた。その後ドイツ各地に広がり、今やドイツだけでなく、オランダ、ベルギー、チェコ、ノルウェーなど20カ国の約1600の街で合計5万5千個以上の石が埋められている（2015年11月現在）。

ヨーロッパで、もっとも支持され、大きく広がっている「ホロコーストの記憶」プロジェクトだ。「"名前"を忘れた時に、その人の存在も忘れ去られる。多くの人が"名前"を記憶することの大切さを感じているのだと思う」とデムニヒは語る。

©Karin Richert

決して大量生産しない

誰でも石の「保護者」になることができる（120ユーロ支払うことが条件、2016年現在）。埋めるだけでなく、その石の管理に責任を持たなくてはならない。数多くの申請が寄せられ、現在予約待ちの状態だ。

しかし、石は決して大量生産しない。一つひとつが手作りで、デムニヒ自らが出向いて石を埋める。ナチの時代に、人の命がまるで工場で流れ作業のように奪われていったことを、決して忘れないためだ。

「名前を踏みつけるなんて死者への冒涜(ぼうとく)だ」とユダヤ人から反対意見が出たため、公道に石を埋めることが禁止されている街もある。また「土地の値段が下がる」という声があがったこともあるそうだ。

それでも、「これからの若い世代にとって大切な記憶の方法ですよ」「生存者が周りからいなくなった時、その名の通り、"つまずいて"忘れないようにするためにね」と、ベルリンで通りがかりの二人の老婦人が話してくれた。

(石岡史子)

未来につながる橋をかけたい ～つまずきの石を埋めた中学生～

「私も誰かの石を埋めたい」。中学2年生のイギリス人カミラ・デイビスさんは、留学先のドイツではじめて「つまずきの石」に出会った。クラスメイトと一緒にデムニヒに連絡をとってみると、「アドルフ・カーン」という名前を与えられた。放課後に友達と何度も集まり、この人物の足跡に思いをはせながら、彼に宛てた手紙を書いた。

つまずきの石を埋めたカミラ・デイビスさん

＊つまずきの石
http://www.stolpersteine.eu

アドルフ・カーン様
　私たちは、何百万という犠牲者の数字の中から、あなたの人生を取り戻して、みんなに記憶してほしいのです。イギリスの中学生が過去から学ぼうとしていることを知って、希望を感じてくれるでしょうか。あなたの石を埋めることで、私たちは過去を記憶し、未来につながる橋をかけたかったのです。

ドイツの街エッセンのブルンネン通り15番地にその石は埋まっている。
「ここにアドルフ・カーンが暮らしていた。1902年生まれ。1941年リガに送られる。1945年8月15日収容所生活の影響で死亡」

アートで記憶する街ベルリンをめぐる

ナチが作った強制収容所・絶滅収容所

決して忘れてはならない恐怖の地

Orte des Schreckens, die wir niemals vergessen dürfen

完成 1967年（1995年に記載地名が2つ加わり計12カ所になった）
住所 Witteberglatz, 10789 Berlin(a) 最寄り駅 Wittenbergplatz (Uバーン)
住所 Kaiser-Wilhelm-Platz, 10827 Berlin(b) 最寄り駅 Julius-Leber-Brücke (Sバーン)

ベルリンの繁華街に立つ看板

　ベルリン・シェーネベルク区には、かつて東西分断の時代に西ベルリン政府が置かれていた。その頃から、この地区の繁華街に2カ所、私たちが「決して忘れてはならない恐怖の地」を訴える看板が立っている。一つはカイザー・ヴィルヘルム広場に。もう一つはヴィッテンベルク広場の地下鉄駅舎入り口そばにあり、ドイツ随一の老舗デパート「カーデーヴェー KaDeWe」は目と鼻の先だ。

　「決して忘れてはならない恐怖の地」とは、ナチがドイツおよびヨーロッパ各地に作った強制収容所、絶滅収容所のあった12の場所［▶巻頭地図参照］である。

ホロコーストの殺りく現場

　ホロコーストの象徴アウシュヴィッツ［▶P62］のほか、マイダネク、トレブリンカは、ユダヤ人やシンティとロマなどを全滅させる目的で作られた「絶滅収容所」［▶P44］だ。アウシュヴィッツだけでも110万人以上、ホロコースト犠牲者の多くが絶滅

ヴィッテンベルク広場

収容所で殺された。

　ダッハウは1933年ナチが最初に作った収容所で、後に開設された多くの強制収容所のモデルとなった。ザクセンハウゼンでは各収容所の指揮官や警備官を養成した。ブーヘンヴァルトはドイツ最大規模の収容所。ラーフェンスブリュックは最大の女性収容所で、女性囚人を手術で細菌に感染させるなど、残忍な人体実験が行われたという。テレジンはチェコスロヴァキア（当時）のユダヤ人ゲトーで、収容されていた約1万5千人の子どもたちのほとんどが、後にアウシュヴィッツに送られ、殺害された。ベルゲン・ベルゼンでは、アンネ・フランクが亡くなっている［▶P66］。

　これらナチ・ドイツの支配下にあった強

カイザー・ヴィルヘルム広場

制収容所、絶滅収容所の他に、殺害施設や収容施設が数十カ所以上あり、さらに各施設が多くの外部施設を持っていた。これらすべてが殺りく現場となったのだ。この過ちを人類が二度とくり返さないという決意と警告が、看板に込められている。

黒地の看板には黄色の文字で、12の「恐怖の地」が記されている。看板の上から順に、アウシュヴィッツ、シュトゥットホーフ、マイダネク、トレブリンカ、テージエンシュタット (テレジン)、ブーヘンヴァルト、ダッハウ、ザクセンハウゼン、ラーフェンスブリュック、ベルゲン・ベルゼン、トロステネツ、フロッセンビュルク
(Auschwitz, Stutthof, Maidanek, Treblinka, Theresienstadt, Buchenwald, Dachau, Sachsenhausen, Ravensbrück, Bergen-Belsen, Trostenez, Flossenbürg)

旧東独の強制収容所跡に残されたもの

強制収容所跡のどこの記念施設でも、ホロコーストの史実をありのままに伝える基本姿勢に大きな違いはない。だが、旧東独側と、旧西独側では、まったく異なる点がある。それは、多くの旧東側の収容所跡には、東独時代に建てられた「共産主義の英雄たち」の像があることだ。東西分断の時代、東独では、「共産主義者がファシズムを根絶して強制収容所を解放した」という建国神話が語られた。収容所跡は、この建国神話を国民に思い起こさせるための記念施設となったのだ。冷戦時代のゆがんだ記憶として、この英雄の像もまた興味深い。

ブーヘンヴァルト収容所跡近辺に残された「共産主義の英雄たち」の像と「自由の塔」

1章 アートで記憶する街ベルリンをめぐる

アートで記憶する街ベルリンをめぐる

ドイツが世界に発信する決意

虐殺されたヨーロッパのユダヤ人のための記念碑 Denkmal für die ermordeten Juden Europas

設計 Peter Eisenman　完成 2005年
住所 Cora-Berliner-Str. 1, 10117 Berlin
最寄り駅 Brandenburger Tor (Uバーン／Sバーン)
HP http://www.stiftung-denkmal.de

ホロコースト犠牲者の墓地

　ベルリン観光客がまず訪れるのが、ドイツ連邦議会（旧帝国議会）議事堂とブランデンブルク門。これら統一ドイツのシンボルを見た人は、すぐその南にある巨大な石碑群に驚くことになる。ここはナチにより虐殺されたヨーロッパのユダヤ人を追悼する記念碑の広場。ベルリンの「ホロコーストの記憶」の中心だ。

　サッカー場の3倍近くもある広大な敷地に、石棺を思わせるコンクリートの物体が2711基も並ぶ。数百万人にのぼるホロコースト犠牲者の墓地を表す。地面は波打ちながら中央に向かって深く沈み込んでいて、それに合わせて周辺部の石碑は背丈が低く、中央に行くほど高くなる。最も高いもので5m近くもある。

　石碑と石碑の間の通路は格子状になり、まるで迷路のようだ。ユダヤ人が悲劇の歴史をさ迷うごとく通路を縦横に歩き、「何事も予期できないさま」「救いようのない、なすすべのないさま」を体感してもらいたい。そういう想いで設計された。

国を挙げた「警告の碑」をコンペで

　この記念碑建設の発端はドイツ再統一の前に遡る。1988年ある女性ジャーナリストと歴史家の呼びかけで計画が始まり、すぐに市民グループが支援運動を開始した。再統一によりドイツの国を挙げた「ホロコースト警告の碑」としてコンペが開かれ、紆余曲折を経てユダヤ系アメリカ人の建築家ピーター・アイゼンマンの案が採用される。追悼すべき犠牲者は誰かについては、長い時間をかけ議論を重ねた末に、ユダヤ人犠牲者のための記念碑にすると同時に他の犠牲者への追悼も行うことが、ドイツ連邦議会で決議された [▶P26]。そしてド

イツ政府は巨額の国費を投じ、アウシュヴィッツ解放60周年の2005年に完成させた。

石碑広場の地下には、「情報センター」が作られた。犠牲となったユダヤ人やその家族の記録が、残された手紙や写真とともに展示されている。

ドイツは巨大なホロコースト警告の碑を、連邦議会のすぐ足元に置く。ホロコーストの記憶を決して忘れず、二度と過ちをくり返さない、と国と国民の決意を世界に向けてアピールする証だ。

ここは「帝国首相官邸」やヒトラーが自殺をはかった「総統地下壕」、ゲシュタポ（ナチの秘密国家警察）とSS（ナチの親衛隊）の本部があった場所にも近い。まさに、ホロコーストを記憶する現場なのである。

ベルリンの史跡を廻ろう

ベルリンには、戦後東西ドイツ分断の時代、1989年ベルリンの壁崩壊、1990年東西ドイツ再統一とそれに続く新生ドイツ、もっと古い時代の史跡、博物館や美術館も多い。ベルリンは広いので、市内すべての公共交通機関を何度でも利用できる1日乗車券、7日乗車券、グループ乗車券が便利でお得だ。乗車券と各施設入場券や割引券がセットになった「ベルリン・ウェルカムカード」もある。「ベルリンのユダヤ」や「第三帝国」（ナチ・ドイツ）をテーマに隠れた史跡や記念館を自転車で廻るガイドツアーが人気。レンタサイクルで、自由に廻るのもいいだろう。

1章　アートで記憶する街ベルリンをめぐる

アートで記憶する街ベルリンをめぐる

2000年におよぶドイツとユダヤ人のかかわり

ベルリン・ユダヤ博物館
Jüdisches Museum Berlin

設計 Daniel Libeskind　開館 2001年
住所 Lindenstr. 9-14, 10969 Berlin
最寄り駅 Hallesches Tor (Uバーン)
HP http://www.jmberlin.de
＊日本語オーディオガイド有

3つの道——亡命・絶滅・継続

　世界各地にあるユダヤ博物館の中でも、ベルリン・ユダヤ博物館はユニークだ。

　バロック建築の「旧館」とメタリックで鋭利なモダン建築の「新館」のミスマッチな外観に目を奪われる。さらに、旧館から入場して新館の常設展示場にたどり着くまでの道のりが刺激的だ。決して心地よいものではないのだが……。設計したのは、ポーランド生まれのユダヤ系アメリカ人建築家で、両親がホロコースト生存者であるダニエル・リベスキンド。

　入り口を通り地下へ向かう長い階段を下るところから、「軸」と呼ばれる「道」が始まる。ナチにより迫害されたユダヤ人が

亡命の庭

たどった3つの道、すなわち「亡命」「ホロコースト（絶滅）」「継続（生き残り）」の軸を、それぞれ追体験することができる。

　「亡命の軸」の末にある「亡命の庭」では、傾いた地面にコンクリートの太い柱が格子状に立っている。重苦しい柱の圧迫感と地面の傾きで、気持ち悪くなる。亡命したユダヤ人は、大変な苦労を味わった。柱の上に茂る緑が、希望を繋いでいる。

　他方、「ホロコーストの軸」の末にある「ホロコーストの塔」では、真っ暗な部屋に閉じ込められ、決して手の届かない天の小さな光を見上げるだけとなる。ユダヤ人は、この星を見続けながら死に至った。

　何とかホロコーストを生きのびた者にも、つらく苦しい人生が延々と続く。「継続の軸」は長い上りの階段だ。たどり着いた先に常設展示場がある。

ヴォイドの空間

　「継続の軸」の何段もの階段の途中、脇にそれると「ヴォイド（虚無）」の空間に出る。そこには厚い鉄板を切り抜いた悲しげな人面が、床いっぱいに敷きつめられてい

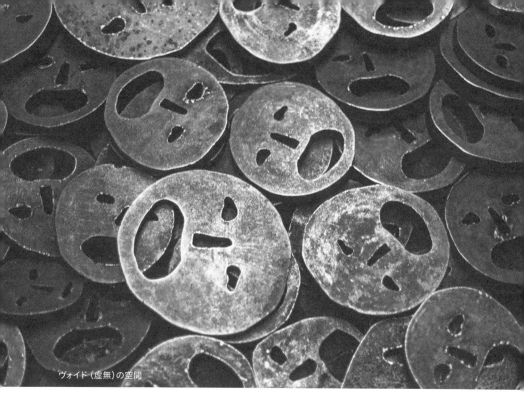

ヴォイド（虚無）の空間

る。「落ち葉」と題するイスラエルのメナシェ・カディシュマンの作品だ。人面を踏みしめると鉄がこすれ合い、カキンカキンと悲哀に満ちた音が響き渡る。殺された無数の犠牲者の声なき声を表しているかのようだ。リベスキンドは新館に5つの「虚無」の空間を作り、虐殺によって失われたものを表現しようとした。

常設展示「ドイツとユダヤ人」

ベルリン・ユダヤ博物館では2000年におよぶドイツとユダヤ人のかかわりの歴史を常設展示している。ナチによるホロコーストの展示はその一部だ。常設展示場では、まず富と豊穣のシンボル「ザクロの木」に迎えられる。中世から近代にかけて、ユダヤ共同体とユダヤ人はキリスト教ドイツ社会に受け入れられようと、常に迫害の危険にさらされながら、何とか折り合いをつける努力を重ねてきた。その歴史の中で、繁栄と成功を見た者、迫害を受けた者、ドイツ社会に合わせて自らを変えた者など、さまざまな道を歩むことになった。そして迫害の頂点としてホロコーストが起こる。さらにホロコーストを生きのびた現代のユダヤ人はどのように生きているのか。このユダヤ博物館では、類まれな建築と展示の両方を、じっくりと味わっていただきたい。

忘却に抵抗するドイツ
記憶をカタチにするベルリン

岡　裕人

加害の記憶も包み隠さずに

　統一ドイツの首都ベルリンは、いつ訪れても工事中だ。1990年に東西ドイツが再統一して以来、東側の復興と開発を中心に、ベルリン中で新たな建設とリニューアルが延々と続けられている。街のあちこちで見かける世紀の大工事自体がベルリン名物となり、新生ドイツの歴史に残るたゆまぬ挑戦を象徴しているかのようだ。

　そんな新生ドイツの挑戦のひとつとして、ナチの戦争犯罪やホロコーストの記憶を新たに「カタチ」にし、ベルリン市民のみならず、世界中からベルリンを訪れる人びとを巻き込んで、記憶を保持し、記憶を伝え、記憶を広めようと努力が続けられている。そのほとんどすべてが、市民のイニシアティヴによって始まったものであり、統一ドイツのもとで成し遂げられたものだ。

　戦争の記憶を大切にし、アピールしているヨーロッパの都市は多い。だが、これほど多くの記憶のカタチが作られている都市は、ベルリン以外には見あたらない。しかもカタチにする記憶のほとんどが、加害の記憶なのだ。包み隠さず、明らかにする。従来黙殺されてきた声なき弱者やマイノリティの記憶も掘り起こす。ナチ時代のドイツ市民の中には、ユダヤ人を救おうと必死に尽力した「無言の英雄」がいたこともわかってきた。多様な側面をもつホロコーストの実態が、明らかにされつつあるのだ［▶P23］。

コンペから生まれる新しいアイデア

　「記憶をカタチにする」ことは未来に向けた挑戦であるから、新しいアイデアを求めてコンペも頻繁に開かれる。

　例えば、巨大な遺跡群とでも呼ぶべき威容を誇る「虐殺されたヨーロッパのユダヤ人のための記念碑」［▶P34］は、見る者を圧倒する。言わばドイツの国会議事堂である連邦議会議事堂の近くに、ホロコースト犠牲者の墓地を模した広大な石碑広場を作ってしまうのだから、こ

の国には驚かされる。

　この時のコンペで話題になった、もうひとつのユニークな作品をご紹介しよう。「記憶の現場」[▶P12]のシュティー&シュノックによる「バスストップ」プロジェクトだ。ベルリンからヨーロッパ各地の強制収容所に向けて定期バスを運行する、また夜間停車中の路線バスに強制収容所の地名を電光掲示するというものだ。「ホロコーストを忘れない」という意識を市民の日常にもち込んだところに新しさがある。実現はしなかったものの、高い評価を受け、アウシュヴィッツ解放60周年の折に、特別展示されたそうだ。

過去への反省は憲法にも

　記憶のカタチはオブジェだけではない。ドイツでは、歴史上のすぐれた人物や地域の偉人の名前を学校につけることも多い。学校の名前となって、子どもたちや地域になじんでいく。ホロコーストやナチ時代の記憶を伝える人物としては、アンネ・フランクとショル兄妹が圧倒的な人気を誇り、彼らの名前がついた学校がドイツ中に広がっている。アンネの生き方やショル兄妹の信念は、これからを生きる若者たちに刺激を与え、学校生活の目標ともなっている [▶P56]。

　ドイツでも、戦争の時代の生き証人がどんどん亡くなっている。何とか記憶を後世に伝えようと、時には重々しく、時には軽やかに、記憶を色々なカタチにこめて表現し、アピールする。逆風も吹くし、議論も巻き起こす。それでもあきらめずに、たゆまず挑戦する。

　現在ヨーロッパは、イスラム過激派によるテロと難民流入という世紀の大問題を抱えている。ドイツはホロコーストへの反省から、難民を助けることを憲法にも謳（うた）っている。国も市民も自らの過去をふり返り、現在直面している問題に対しても、記憶をよりどころに対応を決めようと試行錯誤を続けている。ドイツは記憶を大切にし、忘却に抵抗する。そんなドイツに本気を感じる。

History of the Holocaust

なぜホロコーストは起きたのか？

第二次世界大戦から70年あまりが過ぎた今、ドイツだけでなく、ヨーロッパの国ぐにがホロコーストの記憶を共有している。国や民族、宗教の違いを超えて、すべての人が学ぶべき出来事として、国連も教育の場で取り上げていくことを加盟国に呼びかけている。12年間におよんだ迫害の過程をたどってみたい。

「ダビデの星」をつけられた2歳のエマニュエルと5歳のアブラム。1944年3月、1300人の子どもたちとともに殺される。リトアニア・カウナス

はじめに

「ホロコースト」の語源は、「焼いて捧（ささ）げるいけにえ」という意味のギリシャ語。現在では、ナチ・ドイツおよびその占領下のヨーロッパで起きた迫害・虐殺（1933-1945）をあらわす言葉として広く使われている。ヘブライ語で「絶滅」を意味する「ショア」という用語が使われることもある。「ユダヤ人」という理由で、約600万の人びとが殺された。そのうち約150万人は子どもだった。他にも、障がい者やかつて「ジプシー」と呼ばれた人たち［シンティとロマ▶P26］も犠牲となった。

不況に苦しんでいたドイツ

4年あまり続いた第一次世界大戦（1914-1918年）にドイツは敗れた。戦勝国が取り決めたヴェルサイユ条約は、ドイツに一方的に戦争責任を課し、きびしく罰した。国土の7分の1を失い、巨額の賠償金の支払いを命じられ、ドイツの経済は危機に追い込まれる。

1929年には、世界恐慌のあおりを受けて、ドイツの景気は一気に後退し、失業者が街中にあふれた。生活苦にあえぐ人びとの不満や怒りが広がっていく。そのような社会不安を背景にして、アドルフ・ヒトラー（1889-1945年）がナチ党（国民社会主義ドイツ労働者党）を率いて政治の表舞台にあらわれる。ヒトラーは、「ユダヤ人こそ我々の不幸の原因だ」と叫んだ。当時のドイツの人口の1％（約50万人）にも満たないユダヤ人に対して、国民の憎しみをあおった。

ニュルンベルクのナチ党大会で支持者に挨拶するヒトラー。1929年

ユダヤ人が憎しみのターゲットに

　ユダヤ人に対する差別は、中世以来、すでにヨーロッパのキリスト教社会に根づいていた。キリスト教徒にとってイエス・キリストは救世主。それを認めないユダヤ教徒は、「キリストを十字架にかけて殺した罪びと」のレッテルをはられ、蔑まれた。信仰の違いから忌み嫌われ、キリスト教への改宗を拒めば、追放、虐殺されることもあった。

　ユダヤ人は土地の所有を禁じられ、職人のギルド（組合）からも締め出された。キリスト教徒が禁じられている「金貸し」の仕事をユダヤ人が担うようになると、「金の亡者」という偏見が生まれた。経済的に豊かになる者もいたが、それはほんの一部にしかすぎなかった。

　18世紀末、フランス革命によって、ユダヤ人にも平等な市民権が与えられる。しかし、ユダヤ人がキリスト教社会に溶け込もうとすると、新しい差別が生まれた。それは、ユダヤ人を「劣った人種」とみなすものだった。ユダヤ人がヨーロッパ社会に同化すれば「優れた人種」である「アーリア人*」の血が汚される、という極端にゆがんだ思想だった。このようにしてヨーロッパに深く根ざしていた「反ユダヤ主義」を、ヒトラーは政治的に利用した。

©Kokoro, courtesy of Moshe Zupnik

ユダヤ人は、約2千年前からヨーロッパ各地で暮らし始めた。商人として活躍していた裕福な人もいれば、貧しい人もいた。敬虔なユダヤ教徒もいれば、キリスト教社会に溶け込んで暮らしていた人など、その姿は多様だった。写真はドイツ（上）とハンガリー（下）

＊ヒトラーは、ドイツ民族が生物学的に最も優秀な「アーリア人種」に属すると信じた。

合法的に政権を握ったヒトラー

　ヒトラーは、当時ヴァイマル共和国と呼ばれたドイツで、民主主義のルールにのっとって政権を握った。世界恐慌の翌年、1930年9月の総選挙で、ヒトラー率いるナチ党は、議席数をそれまでの12議席から107議席に増やし、国会で第二党に躍進。1932年6月までに失業者の数は600万人を超え、7月の選挙でナチ党は総議席数608のうち230議席を獲得し、ついに第一党となった。1933年1月、ヒンデンブルク大統領の任命により、ヒトラーは首相に就任する。

　政権を握ってまもなく、1933年3月には「全権委任法」

選挙で一票を投じるヒトラー。1933年

1章　アートで記憶する街ベルリンをめぐる　41

が国会を通過した。巧みに反対勢力を排除し、ヒトラーは「総統」として独裁的な権力を手に入れた。議会制民主主義を停止して、事実上の独裁国家（帝国）となった。

法制化されていく差別

1933年4月、ドイツ全土でユダヤ人の経営する商店に対して不買運動が起きる。ナチ体制の敵とみなされた者やユダヤ人は公職から追放され、報道の場からも締め出された。同年5月には、ユダヤ人やその他の「好ましくない」とされた作家らの本が燃やされた［焚書▶P14］。

1935年9月、ユダヤ人の公民権を奪い、「ドイツ人の血を守る」ために、ユダヤ人がユダヤ人以外の者と結婚することを禁じる法律が、ナチ党大会開催の地ニュルンベルクで可決された（「ニュルンベルク法」）。

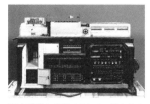

個人情報を集計するために使われた機械。ナチの理想の社会にふさわしくない人びとを排除するために、高度な技術が利用された

「ユダヤ人」とは誰か？

ナチのもとでは、祖父母の3人が「ユダヤ教徒」であれば、法的に「完全なユダヤ人種」とされた。「人種」の定義が、信仰共同体への帰属性に依存するという非科学的なものだった。1939年に行われた国勢調査では個人情報の欄に「人種」の項目が追加された。

ドイツで出版された絵本の1ページ。学校で副読本教材として使われていた。左は「優秀な」ドイツ人、右は「劣った」ユダヤ人が描かれている。ナチは、ユダヤ人への憎しみをあおりながら、「郷土愛」や「民族の誇り」など大衆の耳に心地よい言葉を使った

逃げ場のないユダヤ難民

1938年3月、ドイツはオーストリアを併合する。追いつめられたドイツとオーストリアのユダヤ人は国外への逃げ道を探した。同年7月、ヨーロッパにあふれだしたユダヤ難民の問題を協議するため、32カ国の代表がフランスのエヴィアンに集まった。しかし、難民の受け入れを申し出た国はドミニカ共和国ただ1カ国だった。

1938年11月9日〜10日未明、SA（ナチの突撃隊）によって、8千以上のユダヤ人の商店やシナゴーグ（ユダヤ教の会堂）が襲われ破壊された「帝国ポグロム（迫害）の夜事件」が起きた。90数名のユダヤ人が殺されたが、暴動の翌日に逮捕されたのは被害者であるユダヤ人だ

歩道を掃除させられるユダヤ人たち。1938年、オーストリア・ウィーン

った。約3万人のユダヤ人が強制収容所へ送り込まれた。

　翌年5月、約900名のユダヤ人を乗せた客船セントルイス号がドイツのハンブルクからキューバに向かった。乗客たちは上陸の許可書を手にしていたが、キューバ政府は直前にそれを無効と宣言した。何も知らされていなかった乗客たちは、ハバナ港に降り立つことも許されず、立ち往生が続いた。結局、10日後にセントルイス号は乗客を乗せたままヨーロッパに送り返された。その後、イギリス、フランス、ベルギー、オランダが難民を受け入れることになる。しかし、イギリスに上陸した者以外は、ナチ占領下でほとんどがホロコーストの犠牲となった。

セントルイス号。世界がユダヤ難民に対して門戸を閉ざしていた

第二次世界大戦のはじまり

　1939年9月、ドイツはポーランドに侵攻し、第二次世界大戦が始まる。迫害の手は、ヨーロッパ全土に暮らすユダヤ人へおよんでいった。ナチ占領下で反ユダヤ法が導入され、ユダヤ人は「ダビデの星*」の着用を命じられた。各地で、ユダヤ人を隔離するための居住地区「ゲットー」がつくられた。3mもの高さの壁や鉄条網で仕切られた狭い区域に強制的にユダヤ人は住まわされた。

　ポーランドのワルシャワでは、市のわずか2.4%の面積に約45万人(市人口の30%)がつめ込まれた。下水設備もなく、ゲットー内は不衛生で病気が蔓延し、飢えに苦しみながら、多くの人びとが死に追いやられた。

＊ユダヤ教のシンボルを使った星型のしるし。多くの場合が黄色で、中央に、その土地の言葉で「ユダヤ人」と書かれていた。

激しさを増していく虐殺

　1941年6月、ドイツは「独ソ不可侵条約」を破ってソ連に攻め込む。ドイツ軍のあとに続いた「アインザッツグルッペン(親衛隊の行動部隊)」が、ソ連領内のユダヤ人の村を襲い、大人も子どもも残らず狩り集めて銃殺した。殺害の証拠を隠すために、死体は穴に投げ込まれた。

　しかし、無差別の大量射殺は、実行者に精神的な負担がかかる。そこで、殺害の拠点となる「収容所」をつくり、ユダヤ人を送り込む計画に転換していった。

大量処刑を待つ母子。ウクライナ

1章　アートで記憶する街ベルリンをめぐる　43

1942年1月、ナチの高官や外務省、法務省の代表15名がベルリン郊外のヴァンゼーに集う（「ヴァンゼー会議」）。いかに効率よく、ヨーロッパ全土のユダヤ人を殺害するか。その計画を確認するためだった。彼らの間で、この計画は「ユダヤ人問題の最終解決」と呼ばれた。会議の出席者の過半数が、博士号をもつエリートだった。

「死の収容所」がつくられた

　殺人を目的とした絶滅収容所がナチ占領下のポーランド、アウシュヴィッツにつくられた。ここで、ヴァンゼー会議の4カ月前に、すでに最初の毒ガスでの殺害が行われていた。

　他にも、5カ所の絶滅収容所がポーランドに建設され、ヨーロッパ全土から貨車につめ込まれたユダヤ人が、次々と送り込まれた。この時ナチは、ユダヤ人たちが恐怖や不安から騒いだりしないように、労働のための「東への再定住」だという偽りの説明をした。

くり返される命の選別

　アウシュヴィッツに着くと、人びとはただちに「選別」された。子どもや老人の多くは、労働力として「利用できない者」とみなされ、ガス室に送り込まれる。それは、「シャワー室」と見せかけた部屋だった。裸にされた人びとがそこに入ると、青酸殺虫剤のチクロンBが投げ込まれて、殺害された。

　死体は焼却炉で燃やされる。その作業は、「ゾンダーコマンド（特務班）」と呼ばれるユダヤ人に課せられた。殺人が、まるで工場での流れ作業のように行われていた。

　若く、体力が残っている者は、労働力として選び出された。髪の毛をそられ、腕には名前の代わりとなる番号を入れ墨された。粗末な食事しか与えられず、朝から晩までの奴隷労働や看守の暴力などで、人びとは力つきていく。「選別」がくり返され、「利用できないもの」とみなされた者はガス室へ送られた。

ヴァンゼー会議の資料の1ページ。殺害対象となるユダヤ人の数が国別にリストされている。合計数は1,100万人

ユダヤ人を運んだ貨物列車

アウシュヴィッツに到着して選別される人びと。1944年

ガス室に送られる老人と子ども

抵抗した人　救いの手を差しのべた人

　ユダヤ人が次々と東の絶滅収容所へ移送されていく一方で、残された人びとは、絶望の中で蜂起を決意した。

　ワルシャワ・ゲットーでは、かき集めた粗末な武器を手にして、戦車で武装したドイツ軍に立ち向かった。1943年4月から、戦いは数週間にもおよんだ。しかし、同年5月、ゲットーは破壊される。約5万人のユダヤ人が検挙され、その多くが絶滅収容所に送られた。

ワルシャワ・ゲットー蜂起のあと、収容所へ連行されるユダヤ人。1943年

　アウシュヴィッツやトレブリンカなどの絶滅収容所でも、ガス室を爆破するなどの抵抗運動が起きた。しかし、組織化された強大なナチの武装勢力を前にして、ユダヤ人はあまりにも無力だった。

　ヨーロッパ各地で、ナチ・ドイツ占領軍に協力した地元住民もいたが、ユダヤ人を助けたひとにぎりの人びともいた。個人で、家族で、または町ぐるみで、ユダヤ人をかくまったり、救援物資を届けたりした。見つかれば、自らの命も危険にさらされる行為だった。現在では「諸国民の正義の人*」と呼ばれ、26,120人がその勇気を称えられている（2016年1月現在）。

デンマークからスウェーデンに逃れて生きのびた子どもたち

＊イスラエルのホロコースト博物館 Yad Vashem（ヤド・ヴァシェム）で審査され認定されている称号。

収容所からの解放

　1945年1月27日、アウシュヴィッツは東から進撃してきたソ連軍によって解放された。連合軍の兵士が収容所にたどり着くと、そこには多くの死体が放置され、伝染病が猛威をふるう中、かろうじて生きのびた人びとが残っていた。解放直前に、動ける者はドイツ本国の収容所へ強制的に徒歩で移動させられた。途中で衰弱した者は置き去りにされたり、射殺されたりした（「死の行進」）。

　1945年5月、ドイツは降伏し、ヨーロッパでの戦争が終わった。収容所から解放された人びとの中には、家族を失い、家も破壊され、故国に戻れない者も多かった。ポーランドの村では、故郷に戻ったユダヤ人が地元住民の襲撃にあい、追放される事件も起きた。戦前の故郷に未来はないと考え、パレスチナやアメリカ、カナダ、オー

解放後、ブーヘンヴァルト収容所（上）やその近く（下）で、米軍はドイツ市民に死体の山と向き合うことを強制した

1章　アートで記憶する街ベルリンをめぐる

ストラリアを目指して、ヨーロッパの地を去ったユダヤ人も多かった。

今も続く、ドイツ自らによる裁き

　1945年11月、米英仏ソの連合国による「ニュルンベルク国際軍事裁判」が開かれ、ナチ・ドイツの犯罪が裁かれた。ヒトラーは同年4月にすでに自殺していたため、責任を免れた。22名のナチの指導者たちが被告となり、19名が有罪、うち12名が死刑宣告された。

　パレスチナに建国されたイスラエルでは、新しい力強いユダヤ人の国づくりが目指され、ホロコーストを生きのびた人たちが、自らの苦しみを打ち明ける機会は少なかった。1960年、南米に逃れていた親衛隊将校アドルフ・アイヒマンがイスラエルで裁判にかけられ、絞首刑になる（「アイヒマン裁判」）。これをきっかけに、イスラエルの社会は、生還者の証言に耳を傾けるようになる。

　その後もドイツは今日まで、虐殺にかかわった者の訴追を続けている。1963年にフランクフルトで行われた「アウシュヴィッツ裁判」は、ドイツが自らの手でナチの犯罪人を法廷に引き出した画期的なものだった。多くの西ドイツ（当時）の市民が傍聴し、絶滅収容所での実態を知ることになった。2016年2月、アウシュヴィッツの看守だった94歳の被告に対する裁判が始まっている。

ニュルンベルク継続裁判で人体実験の罪を裁かれる医師たち。1946-47年

アウシュヴィッツ解放70年の式典に300名の生還者が参列。生還者代表がスピーチの中で「傍観者になるな」と訴えた。2015年1月
©Auschwitz-Birkenau State Museum

歴史から学ぶ　記憶する

　「過去に目を閉ざす者は、現在にも盲目となる」
　1985年、当時の西ドイツ大統領ヴァイツゼッカーの有名な言葉だ。ナチ政権樹立から80年目の2013年には、メルケル独首相がスピーチをした。「ナチが生まれたのは、一部のエリートだけの責任ではない。だまっていた市民にも責任がある」。ドイツでは、ホロコーストの歴史をくり返し思い起こし、学び続けている。ナチ占領下にあったヨーロッパ各国でも、ナチに協力した歴史と向き合い、記憶する試みが広がっている。

（石岡史子）

ゲシュタポ（ナチの秘密国家警察）本部があった場所「テロのトポグラフィー」で、歴史を学ぶドイツの高校生

Chapter 2
アンネ・フランクの足跡をたずねる

12歳のアンネ（1941年12月撮影）
©Anne Frank House, Amsterdam

アンネ・フランクのたどった道 ──15年の生涯

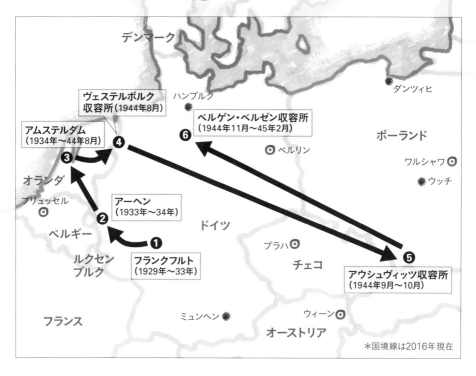

*国境線は2016年現在

1929年6月12日	0歳	ドイツのフランクフルトで、ユダヤ人の家庭に生まれる。▶P58
1933年7月	4歳	ナチのユダヤ人への迫害をおそれ、生まれ故郷を離れる。母姉とドイツのアーヘンの祖母のもとに移り住む。父は先にオランダのアムステルダムへ。
1934年2月		母姉と父の待つアムステルダムへ。一家でメリウェデ広場のアパートに暮らす。▶P50
1942年7月6日	13歳	家族で隠れ家に身をひそめる。▶P52
1944年8月4日	15歳	隠れ家が見つかり、逮捕される。▶P58
8月8日		家族とともに、ヴェステルボルク収容所へ送られる。▶P58
9月3日		家族全員、アウシュヴィッツ収容所へ送られる。▶P62
10月28日		姉とベルゲン・ベルゼン収容所へ送られる。▶P64
1945年1月6日		母がアウシュヴィッツ収容所で亡くなる。
1月27日		父がアウシュヴィッツ収容所で解放される。
1945年2月頃	15歳	姉が亡くなる。数日後に、アンネもチフスで死亡する。▶P64

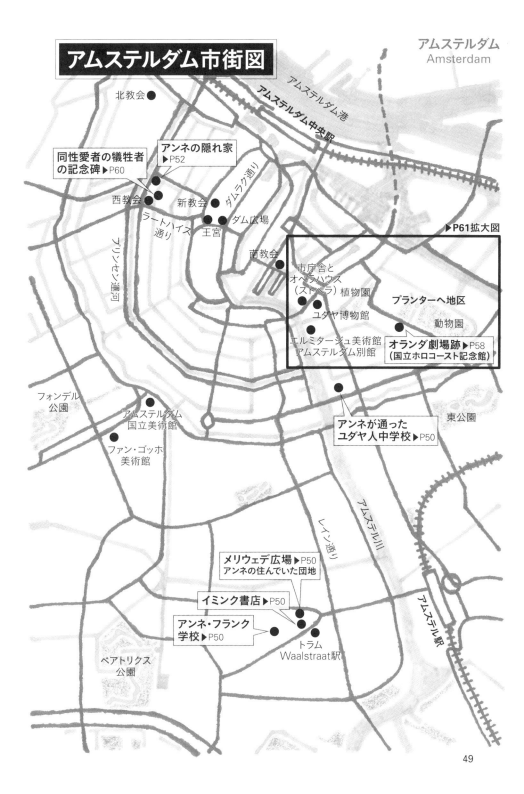

アンネ・フランクの足跡をたずねる

ドイツから迫害を逃れて

メリウェデ広場

Merwedeplein 住所 Merwedeplein 37, Amsterdam 最寄り駅 Waalstraat (トラム4番)

アンネ・フランク学校 6e Montessorischool Anne Frank
住所 Niersstraat 43　HP http://www.annefrank-montessori.nl
イミンク書店 Boekhandel Jimmink 住所 Rooseveltlaan 62　HP http://www.jimminkboek.nl

青空の下で過ごした自由な日々

　アムステルダム中央駅からトラム（路面電車）で南へ下ると、落ち着いた住宅街にたどり着く。ここメリウェデ広場で、アンネ・フランク一家は新しい生活を始めた。生まれ故郷のドイツから迫害を逃れてきた時、アンネは4歳、姉のマルゴーは7歳。好奇心旺盛で、みんなの注目を集めるのが大好きだったアンネは、友達がたくさんできて、オランダ語もすぐにおぼえた。家族の中で一番に、オランダの生活になじんでいった。

　メリウェデ広場には、当時のままの飾り気のないレンガ造りの団地が建っている。37番地の3階がアンネの住んでいたアパートだ。目の前の芝生の広場では、近所の子どもたちが追いかけっこをして遊んでいる。アンネもこんなふうに、青空の下で笑い声をあげて駆け回っていたのだろう。

　広場から徒歩10分のところに、アンネが通っていた「モンテッソーリ・スクール」がある。昔も今も自由な教育を重んじている学校だ。現在は「アンネ・フランク学校」と名づけられ、虹色の校舎の壁には『アンネの日記』の言葉が刻まれている。

　1940年5月、ナチ・ドイツがオランダに侵攻すると、ユダヤ人に対する攻撃が始まった。映画館や公園への立ち入りも、ユダヤ人以外の友達と遊ぶことも禁じられ、アンネは自由を奪われていく。小学校卒業後、1941年10月からは先生も生徒もユダヤ人だけの中学校に転校させられた。ユダヤ人は公共交通機関の利用も禁止されたので、友達ハンネリと約2.5kmを歩いて登校した。

　1942年7月6日、一家は突然この広場から姿を消した。オランダ在住のユダヤ人に、いよいよ強制収容所へ送られる危険が迫っていた。前日には、ナチ占領軍から姉のマルゴーに出頭命令が届いていた。夜逃げを装って、身を隠すことにしたのだ。

　隠れ家に向かう日のアンネの姿を表した像がメリウェデ広場に建っている。衣類を何枚も重ね着し、お気に入りの日記帳を入れたかばんを持って。アンネの像は最後にもう一度、10年近く過ごした我が家を懐かしくふり返っている。

アンネの像が建つメリウェデ広場

日記帳を買ってもらった本屋

　この地区には、アンネのように迫害から逃れてきた人たちをふくめて、約1万7千人のユダヤ人が暮らしていた。そのうち、生きて帰ってきたのは4千人。その地元の歴史を伝えようと奮闘しているのが、団地の一角の本屋ヘルト・ヤン・イミンクさんだ。父親は反ナチの抵抗運動にかかわり逮捕され収容所へ送られたが、戦後生還した。アンネはこの本屋で13歳の誕生日に、赤いチェック柄の日記帳を買ってもらった。

　アンネの銅像は、イミンクさんの呼びかけで建てられた。「この地域で、かつて1万3千人の住民たちが連行され殺されたことを覚えておこう」。イミンクさんが訴えると賛同者が集まり、2005年、アムステルダム市長によって除幕式が行われた。

　アンネのアパートも、支援金を集めて、1930年代さながらに改装した。現在は一般には非公開だが、母国を追われた難民作家が滞在できるように整えられている。

アンネが13歳の誕生日に赤いチェックの日記帳を買ってもらった本屋のヘルト・ヤン・イミンクさん ©Kokoro

2章　アンネ・フランクの足跡をたずねる　51

アンネ・フランクの足跡をたずねる

息をひそめ日記をつづった25カ月

隠れ家
Anne Frank Huis

開館 1960年 住所 Prinsengracht 263-267, Amsterdam（アムステルダム中央駅から徒歩20分）
最寄り駅 Westermarkt（トラム13、14、17番）
HP http://www.annefrank.org

突然に訪れた友達との別れ

　アンネ・フランク一家が身を隠したのは、アンネの父オットーが経営する会社の建物の中だった。1940年5月からオランダもナチ・ドイツの占領下に置かれ、ユダヤ人への締めつけが厳しくなっていくと、オットーは家具や食料、日用品を少しずつ運び入れ、すでに1年かけて隠れ家の準備をしていた。誰にも知られてはならないため、アンネは友達に別れを告げることもできなかった。自由な子ども時代は突然たちきられ、外界から閉ざされた空間にアンネは放り込まれた。

　アムステルダムの中央駅から隠れ家まで歩いてみよう [▶P49]。駅を背にして、まっすぐのびるダムラク通り（Damrak）を進むとダム広場に10分程で着く。レストランやホテルが建ち並ぶ街の中心だ。左手の白い尖塔は、第二次世界大戦で亡くなった人たちの慰霊の塔。右手には王宮がある。ここから西へのびるラートハイス通り（Raathuisstraat）をさらに10分進むと、西教会（Westerkerk）が見えてくる。アンネが好きだったこの教会の鐘の音は、今も15分毎に鳴り響いている。プリンセン運河につきあたったところで右に曲がると、隠れ家の建物はすぐそこだ。にぎやかな街の中心から、こんなにすぐそばにアンネは隠れていたのだということがわかる。

　隠れ家の建物の前には、毎日のように見学者の長い列ができている。にぎやかに話し込んで入場を待つ人たちの間で、色々な国の言葉が飛び交っている。隠れ家の中に一歩足を踏み入れると、誰もが静まりかえり、緊張感がただよう。細くて急な階段を踏み外さないように慎重にのぼっていく。隠れ家への通路をふさぐために置かれた

左から3番目、黒いドアの建物の奥に隠れ家があった。現在は、角一帯の建物がすべて博物館になっている

隠れ家に通じるドアの前に置かれた本棚
©Anne Frank House, Amsterdam

目隠しの本棚を通り過ぎて、奥へと進む。がらんとした空間がただそこにある。かつて置かれていたベッドやテーブルなどは、今は何ひとつない。

2年間で13センチも身長が伸びた

アンネはたしかにここにいた。そのしるしが壁に残っている。アンネと姉マルゴーの背くらべの記録だ。オットーが娘二人の成長を記していた。隠れていた約2年間でアンネは13センチも身長が伸びている。

アンネが使っていた部屋の壁には、お気に入りの映画スターのブロマイドや雑誌の切り抜きが貼ってある。隠れ家に父親が持ってきたもので、アンネは大喜びして、殺風景な部屋に飾りつけた。

この狭い空間に、アンネの家族4名の他にさらに4名が一緒に隠れていた。父オットーの事業の共同経営者であるヘルマン・ファン・ペルス、アウグステ夫妻と息子ペーター、そして歯科医のフリッツ・ペッファー。8名の隠れ家生活を助けたのは、オットーの会社の従業員4名のオランダ人だった。彼らは、危険を冒して食料を届け、外のニュースを伝え、アンネたちを支えた。

日記が本になる夢を抱いて

「ぜったいに外に出られないってこと、これがどれだけ息苦しいものか、とても言葉には言いあらわせません。でも反面、見つ

2章　アンネ・フランクの足跡をたずねる　53

隠れ家のアンネの部屋。ホロコースト記念館にある実寸大の再現 ©野村和慎

かって、銃殺されるというのも、やはりとても恐ろしい。」(1942年9月28日・補足の『アンネの日記』より*)

何も知らされていない会社の従業員たちは階下で働いていたから、昼間は音が漏れてはいけない。隠れ家の外では、友人たちが次々と収容所へ移送されていることを、アンネは支援者から聞いていた。ラジオはユダヤ人が「毒ガスで殺されている」というニュースを伝えていた。

終わりの見えない、息のつまる生活の中で、アンネは外へ吐き出したい思いを日記にぶつけた。悲しみも恐怖も、誰にも打ち明けられない思春期の悩みもすべて。戦時下の市民の記録を出版しよう、というオランダ亡命政府のラジオ放送を聞いてからは、アンネはそれまでの日記を清書しなおし、いつかは本にしたいと夢を抱いた。

「ユダヤ人とか、ユダヤ人でないとかにかかわらず、わたしがたんにひとりの少女であり、はしゃいだり、笑ったりすることを心の底から欲している、このことをわかってくれるだろうか。」(1943年12月24日の『アンネの日記』より*)

生まれながらの民族や宗教が理由で差別、偏見、憎しみのまととなったアンネや無数の子どもたち。その悲しみがまっすぐに胸に迫ってくる。死の恐怖におびえながらも、世界のため、人類のために働きたい、とアンネは書いた。少女の言葉を通して、迫害が奪い去った無限の可能性に、私たちは思いをはせることができる。

761日目に逮捕される

「じつのところわたしたちは、ここで潜行(せんこう)生活を始めたりしないほうがよかったんじゃないでしょうか。かりにそうしなかったがため、いまごろはもう死んでいたとしても、そのときはこういうみじめさをも味わわずにすんだはずですし、とりわけ、ほかの人たちまでも危険に巻きこむことはなかったでしょう。」(1944年5月26日の『アンネの日記』より*)

隠れ家生活を始めて丸2年が近づいていた。アンネは、どれほどの不安と恐怖に押しつぶされそうになっていただろう。

1944年6月には、米英軍がフランスのノルマンディー海岸に上陸したという知らせを聞き、戦争が終わり隠れ家から解放される時を今か今かと待ち望んでいた。しかし、その期待は打ち砕かれた。8月4日の朝10時半頃だった。何者かの密告により、隠れ家の住人8人は、761日目にして遂に全員逮捕された。

戦後、隠れ家の建物は老朽化が進み、一時は取り壊しの計画もあった。しかし、有志の市民の呼びかけで、保存運動が始まった。オランダ王室やアムステルダム市長も寄付をよせて、1960年に隠れ家は博物館として一般公開されることとなった。

＊『アンネの日記 増補新訂版』(アンネ・フランク著、深町眞理子訳、文藝春秋、2003年)より引用

「アンネの日記」を守った女性

ミープ・ヒースは、24歳のときに、アンネの父オットー・フランクの会社で働き始めた。オットーから隠れ家に移る計画を打ち明けられた時、ミープは迷うことなく支援を申し出た。

アンネたちが連れ去られた後、ベッドや机、食器はすべて運び出されて隠れ家は空になった。ユダヤ人の移送後は、ナチの依頼を受けた引っ越し業者が家財道具を仕分けして、再利用のためにドイツへ送っていたのだ。間一髪だった。ミープはすばやく床に残されたアンネの日記帳やバラの用紙をひろい集めて隠した。

ミープは、日記の中身を決して読まなかった。アンネが日記を誰にも見せようとしなかったことを知っていたから。「もし日記を読んでいたら処分していたかもしれない」とミープは言う。アンネは、支援者たちのことを細かく書いていたため、もしナチに見つかれば、ミープだけでなく支援者全員に危険がおよんだかもしれなかったからだ。ミープの誠実な人柄が、アンネの日記を救ったといえるかもしれない。

戦後、家族でただ一人生きのびたオットーは、ミープから娘の日記を手渡された。「作家になりたい」という娘の夢をかなえるため、オットーは日記を出版した。2009年に、ユネスコはこの日記を「世界記憶遺産」に登録した。自由、平等、平和な世界に生きたいと願いつづられたアンネの言葉は、今も世界中の人たちの心を動かしている。

「どんな人も一人ひとりの人間として見てください」というメッセージとともに日本の子どもたちに送られたミープ・ヒースの写真
©Kokoro

アンネ生誕の地
フランクフルトを歩いてみれば……

> ドイツを代表する国際金融都市フランクフルトは、アンネ・フランクが生まれた街として知られている。中世以来メッセ（見本市）で名高いこの都市には多くのユダヤ人が集まり、15世紀から19世紀まで、中心街の東端にユダヤ人ゲットー（18世紀末まで強制居住地）が置かれた。フランクフルトの繁栄もユダヤ人と深いかかわりがあった。アンネの家系もここにルーツがある。

産院の出生記録では「男児」

1929年6月12日、アンネは祖父が興した銀行家の家庭に生まれた。正式には「アンネリース・マリー」と名付けられた。妙なことに、当時の産院の出生記録には「男児」と誤って記されているそうだ。今もドルンブッシュ地区には、アンネの生家と、その後1931年から2年間一家が暮らした家屋が残っている。この住宅街を歩いてみると、あちこちに「つまずきの石」を目にし、ユダヤ人が他の市民と交わってともに暮らしていたことがわかる。その「時」が来るまでは。

1933年にナチが政権をとると、フランク一家は迫害を逃れ、故郷を捨ててアムステルダムへと向かう。父が先に行って家族を迎える準備をし、アンネは母や姉とともにアーヘンの母の実家を経由して新天地に移り住んだ。4歳の時である。

学校の名前になった二人のユダヤ人

アンネの生家に近いドルンブッシュの中学校は、アンネにちなんで「アンネ・フランク学校」と名づけられている。総合学習では、『アンネの日記』をじっくりと読み込み、アンネとゆかりの人びとを研究し、そこから得たイメージをもとに生徒が創り上げた美術作品で学校を飾った。アンネとともに今日もある学校だ。

アンネ・フランク学校と同じ通りに、「ヴィクトール・フランクル学校」がある。ユダヤ人精神科医のフランクルから名づけられた特別支援学校で、私の勤める日本人学校と交流を続けている。フランクルはアウシュヴィッツ強制収容所から奇跡的に生還し、後に収容所での体験をもとに『夜と霧』を著した。彼は人生の意味、生きる意味について語り続け、世界中の人を勇気づけた。「障がいをもった子どもたちを教育する学校として、フランクルの名はぴったりだったんですよ」とマルクサー教頭が話してくれた。

この地区には「アンネ・フランク研修所」もある。青少年が人権、特に人種差別や極右について、また宗教について学ぶ。どうすれば日常生活で勇気ある行動がとれる

❶～❻はすべてフランクフルト市内(Frankfurt a.M.)にある

❶アンネ・フランクの住居 生家（1929-31年）
住所 Marbachweg 307 非公開

❷その後の住居（1931-33年）
住所 Ganghoferstr. 24 非公開

❸アンネ・フランク研修所
Bildungsstätte Anne Frank
開設 2013年
住所 Hansaallee 150

❹フランクフルト・ユダヤ博物館「ファミリー・フランクセンター」
Jüdisches Museum Frankfurt
Familie Frank Zentrum
開設 2012年
住所 Untermainkai 14/15
＊ユダヤ博物館は改装閉館中、2018年より新装オープン

❺ユダヤ人ゲットー博物館
Museum Judengasse
住所 Battonstr. 47

❻旧ユダヤ人墓地の壁記念碑：アンネの名前プレート
（バットン通り墓地 Friedhof Battonstraße）
Die Gedenkstätte Börneplatz
制作 1996年
住所 Neuer Börneplatz
＊名前プレートはアルファベット順に並べられ、アンネ・フランクのプレートは Battonstraße 側の壁にある

のか、どうすれば差別から身を守れるのかを考える。若者だけでなく教員向けの研修セミナーも催す。ホロコーストから学ぶことは多く、常に新しい。

刻まれた犠牲者1万人の悲劇

中心街には「ユダヤ博物館」と「ユダヤ人ゲットー博物館」がある。前者は、ゲットー出身で世界的な銀行家となったロスチャイルド家の屋敷にあり、2012年にはファミリー・フランクセンターを開設、フランク家の歴史を伝えている。後者はゲットーの遺跡の上に建ち、遺跡と18世紀までの時代について展示している。

2015年に新築されたヨーロッパ中央銀行の敷地には、フランクフルトから強制移送されたユダヤ人追悼記念碑ができた。当時、近くから移送列車が出発したのだ。市内のいたる所にある「つまずきの石」も、この悲劇を物語っている。

ゲットー博物館近くの旧ユダヤ人墓地を囲む壁には、フランクフルト出身でナチに殺害されたユダヤ人を悼むプレート1万1915個がつけられている。犠牲者一人ひとりの氏名、誕生・死亡日、死亡地を刻む墓碑だ。フランク（Frank）家のアンネ（Annelies）や姉マルゴット（通称マルゴー、Margot）、母エーディト（Edith）の名前もある。3人を探してみてはいかがか。

（岡裕人）

アンネ・フランクの足跡をたずねる

逮捕そして一時収容所へ

オランダ劇場

Hollandsche Schouwburg

[開館] 1962年
[住所] Plantage Middenlaan 24　[最寄り駅] Plantage Kerklaan（トラム9、14番）
[HP] 国立ホロコースト記念館（オランダ劇場跡）http://www.hollandscheschouwburg.nl

アンネ、隠れ家の外へ

　旧市街から東へ少し外れたプランターヘ地区は、アムステルダムの「オアシス」。観光客があふれる街のにぎやかさから解放されるエリアだ。植物園や公園、動物園が並ぶなか、ナチの爪痕を示すモニュメントも点在している。

　旧ユダヤ地区とも呼ばれるこの場所に、ナチはユダヤ人一時収容所をつくった。「オランダ劇場」の建物が使われたのだ。ナチ占領下では、ユダヤ人の俳優と観客が入場を許された唯一の劇場で、ドイツやポーランドなど東方のユダヤ人の言葉である「イディッシュ語」の劇が上演された活気あふれる文化施設だった。

　1944年8月4日、アンネ・フランクら隠れ家の住人8人は、何者かの密告により逮捕されたのち、この劇場に連れてこられた。アンネは息苦しい隠れ家から解放され、2年と1カ月ぶりに外の陽射しを肌に浴びた。ここで4日間過ごした後、父母姉と一緒に列車に載せられ、北オランダのヴェステルボルク収容所に運ばれていく。

オランダ国立のホロコースト記念館

　劇場跡は現在、ナチ占領下のオランダで犠牲になったユダヤ人を追悼する国立の「ホロコースト記念館」となっている。

　オランダでは、第二次世界大戦を記憶する日が2日ある。5月5日がナチ・ドイツからの解放を祝う「自由の日」。前日の5月4日は「戦没者追悼の日」で、ここ劇場跡でも、ユダヤ人犠牲者を追悼する記念式典が毎年開かれている。2階には常設展示があり、当時の貴重な映像資料を見ることができる。

　この記念館では、アンネを含む10万4千人の犠牲者の名前がデータベース化され、インターネット上でも公開されている。現在、犠牲者すべての名前を記した記念碑を近くのウェルトハイム公園に建てようという計画がある。

　「アンネの隠れ家みたいに観光客の行列ができるのはいやだ、という住民が多いんです。実現まで時間は必要かもしれないけれど、大切なことです。」

　地元の若者が言った。

オランダ劇場跡

「裏切り者」と呼ばれたユダヤ人

　ナチはオランダ劇場につくった一時収容所をユダヤ人自らに管理させた。組織した「ユダヤ人評議会」に対して、ナチ親衛隊大尉フェルディナンド・アウス・デア・フュンテンは、移送者リストを提出せよと命じた。労働に派遣するため、と告げられたが、次第にそれは、「死への収容所」への移送を意味することが明らかになる。

　ドイツ出身のユダヤ人ウォルター・ススキンドは、評議会の一員として移送担当の任務に就いていた。ススキンドは、流暢なドイツ語でフュンテンを説得し、酒や賄賂で取り入って、その陰で移送者リストの人数をごまかし、一人でも多くのユダヤ人を救おうとした。劇場の向かいには、ユダヤ人の幼子たちの託児所があった。ススキンドは、保育士の協力を得て、隣の教員養成学校の建物から学生を潜り込ませ、リュックに子どもを入れて救い出した。フュンテンに親しげに近づくススキンドの姿は、あるユダヤ人たちには「裏切り者」と映った。しかし、実際にはナチの目を盗んで、500人以上の子どもたちを救い出していた。この秘密の作戦は知られぬまま、ススキンドも妻と娘と共に収容所へ送られ、帰らぬ人となった。

　アムステル川にかかるはね橋のひとつは、彼の勇気ある行動を称えて、「ススキンド橋」[▶p60]と名づけられている。そして、オランダ劇場前の学校の壁には「託児所の記念プレート」[▶p61]が掲げられている。

ススキンド橋 ©Kokoro

2章 アンネ・フランクの足跡をたずねる

アムステルダムの街中で見つけた「ホロコーストの記憶」

アンネ・フランクをかくまった街アムステルダム。しかしここで、アンネは密告によってナチに差し出された。オランダでは、ユダヤ系市民の75%が犠牲となった。同じくナチ占領下に置かれたベルギー（40%）、フランス（25%）と比べても高い。ナチへの抵抗と共謀。オランダのホロコーストの記憶は根っこにジレンマを抱えながら、それでも、歴史を忘れないための新しい記念碑が次々と作られている。

ユダヤ人犠牲者を記憶する記念碑

①**ユダヤ人抵抗の記念碑** Joods verzetsmonument 設置 1988年
ナチ占領下のオランダで抵抗したすべてのユダヤ人に捧げられる記念碑。

②**ユダヤ人少年孤児院の記念碑** Monument Joodse Jongensweeshuis
ストペラ（Stopera）の前の歩道に、白い石が帯状に埋め込まれ、文字が刻まれている。「1943年3月、この家からユダヤ人少年全員が連れ去られ、ソビボル絶滅収容所へ送られた。生きて帰ってきたものはいない」。

ユダヤ人少年孤児院の記念碑

③**シャドウカナル** Schaduwkade 設置 2013年
ニーウェ・カイゼルス運河に沿った通りには、かつて215人のユダヤ人が暮らしていた。全員が収容所に連行され、生きのびたのはわずか15名だった。「つまずきの石」[▶P30]からアイデアを得て、現在の住人たちの呼びかけで、運河沿いに当時の住人の名前を刻んだプレートが埋め込まれた。

④**聴覚障がい者の記念碑** Monument voor Joodse Dove Oorlogsslachtoffers 設置 2010年

シャドウカナル

"de wereld bleef doof"（世界が聴覚を失った）という文字と手話の絵が刻まれている。

⑤**オランダ劇場** Hollandsche Schouwburg 開館 1962年 [▶P58]

⑥**ひび割れた鏡** Auschwitzmonument 制作 1977年
オランダ人作家ヤン・ウォルカーズ作。1993年にここに移設された。割れたガラスは、ホロコーストという人類の歴史に刻まれた二度と消えることのない記憶を表している。アウシュヴィッツで亡くなったユダヤ系オランダ人の遺灰が地下に埋められている。

●**同性愛者の犠牲者の記念碑** Homomonument 設置 1987年 [▶P49／地図参照]
西教会の裏の運河沿いにあるピンク色の三角形の3つのモニュメント。

ナチスへの抵抗を記憶する記念碑

⑦**ススキンド橋** Walter Suskindbrug 設置 1972年 [▶P59]

⑧**港湾労働者の像** Dokwerker 設置1952年
ナチに抵抗して1941年2月にストライキを実行したオランダ市民たちを記念して作られた。

⑨**感謝の碑** Monument van Joodse Dankbaarheid 設置1950年
助けてくれたオランダ人への感謝を表すためユダヤ人生還者たちが建てた。終戦直後オランダは「ユダヤ人を守った」というイメージが強かったことを象徴的に伝えている。

⑩**託児所の記念プレート** Plaquette van de Crèche [▶P59]

⑪**登記所の記念プレート** Plaquette aanslag bevolkingsregister
アルティス動物園のとなりに、登記所(現在はレストラン)があり、7万人のユダヤ系市民の個人情報を保管していた。1943年、反ナチ活動家が放火し書類を燃やして、ユダヤ人の検挙を阻止しようと試みた。この時までにユダヤ人の多くは収容所へ移送されていたが、オランダではもっとも勇敢な抵抗運動として記憶されている。

⑫**抵抗博物館** Verzetsmuseum 開館1999年
最寄り駅 Plantage Kerklaan／Artis Zoo(トラム9、14番)
HP http://www.verzetsmuseum.org

抵抗博物館

ナチ占領下で自分だったら、「抵抗する」「受け入れる」または「協力する」か。証言を見ながら、考えさせられる。当時、オランダ領インドネシアでは、日本占領軍に抵抗し犠牲となったオランダ人がいたことにも思いをはせながら、ぜひ見てほしい。

●**100個のイス** Monument Rozenoord 設置2015年
最寄り駅 Station Rai(トラム4番、メトロ) HP http://www.monument-rozenoord.nl
ナチに抵抗して銃殺されたオランダ人を記憶する。ライ駅近くのアムステル公園内。

2章 アンネ・フランクの足跡をたずねる

アンネ・フランクの足跡をたずねる

「死の収容所」で父との別れ

アウシュヴィッツ収容所
Panstwowe Muzeum Auschwitz-Birkenau

開館 1947年
住所 ul. Wiezniow Oswiecimia 20, Oswiecim, Poland
HP http://auschwitz.org

子どもはガス室ですぐに殺された

オランダのヴェステルボルク中継収容所からアウシュヴィッツへ向かう最後の貨車だった。1944年9月3日、アンネ・フランクは家族とともに連行された。ひとつの車両に70～80名が、家畜のようにつめ込まれ、座り込む余裕さえない。3日間、水も食料もろくに与えられず、途中で息絶える者もいた。用を足すためのバケツから悪臭がはなたれ、車両の軋む音が不気味に響いた。

アウシュヴィッツに着いたのは真夜中だった。乱暴に貨車から降ろされると、まずは男女別に分けられた。アンネは大好きだった父親と引き離され、二度と会うことはなかった。15歳以下の子どもたちは多くの場合、すぐにガス室で殺され、遺体はとなりの焼却場で焼かれた。15歳3ヵ月だったアンネは、母と姉のマルゴーとともに、身ぐるみ剥がされ豊かな黒髪を剃られ、腕には番号の入れ墨をされた。

剥ぎ取られた衣類、靴、メガネの山

ナチ・ドイツによる最大規模の絶滅・強制収容所アウシュヴィッツ*。ここ1カ所で

穴が開いただけのトイレ。下痢に苦しむ人たちが多かったが、労働の合間に決められた時間しか使うことが許されなかった

収容者から刈り取った髪の毛の山 ©USHMM

第一収容所の入口には「ARBEIT MACHT FREI（労働は自由への道）」という真実とは逆の意味の看板が掲げられている ©Kokoro

約110万人が殺された。人の命を流れ作業のように奪っていく「死の工場」だった。

第一収容所には、レンガ造りのバラックが30棟、今も残されている。二重に張りめぐらされた鉄条網には当時、高圧電流が走っていた。収容者たちから剥ぎ取った衣類、靴、メガネ、かばんなど、おびただしい数の遺品が、山のように積まれて展示されている。

3km離れた所に、第二収容所ビルケナウがある。入口の「死の門」をくぐると東京ドームの約36個分、1.71km²の敷地が広がっている。長く続く引き込み線に沿って歩いていくと、奥には、ナチが撤退直前に爆破したガス室と焼却炉が崩れ落ちたまま、そこにある。

保存の危機にドイツが世界が支援

2005年に国連は、1月27日を「ホロコースト犠牲者を想起する国際デー」に定めた。これは、アウシュヴィッツがソ連軍によって解放された日である。世界各地から見学に訪れる人の数は、今では年間150万人を超えている。

しかし、戦後70年余りの年月が過ぎて、アウシュヴィッツは維持の危機に直面している。2009年に、保存のための基金が設立された。ドイツは真っ先に、目標金額の1億2千万ユーロの半分の額の負担を決めた。その後、世界35ヵ国から1億1300万ユーロが集まった（2015年6月現在）。基金の収入をもとに補修工事が始まっている。

＊アウシュヴィッツは、もとは強制収容所として建設され、やがて収容者増加に伴い、ビルケナウにも強制収容所が作られた。その後、ビルケナウにはユダヤ人を虐殺する目的でガス室が作られ、1942年からは絶滅収容所として機能していた。

特別寄稿 Voice from Europe

グローバル化する世界で未来の責任を果たすためにアウシュヴィッツがある

中谷 剛（アウシュヴィッツ博物館公認ガイド）

　20世紀最大の悲劇のひとつであるホロコーストの象徴として、ナチ・ドイツの「アウシュヴィッツ絶滅・強制収容所」[▶P62]があります。私はここポーランドのオシフィエンチム（ドイツ語名アウシュヴィッツ）で、日本人ガイドとしてその歴史を伝えています。でも欧州で起きたこの不幸な出来事を、当事者のように、私が理解しているわけではありません。ですから犠牲者のユダヤ人だけでなく、とりわけ加害責任を負ったドイツに対して、複雑な気持ちを抱きながら案内しています。おそらく日本人の皆さんにとっても、なぜ私がここにいるのか不思議なことでしょう。私は母国語で訪問者に歴史案内をしているうちに、アウシュヴィッツが世界にそして日本人に投げかける意味に気づき始めました。

多民族の共生・共存を目指す大切な教育の場

　そのひとつが「グローバル化する世界」ということです。21世紀に入って多民族が共生・共存する地域が広がる中で、国家や民族間の政治的・経済的関係も変わりつつあり、人びとは不安に感じています。しかし社会の高齢化や人口減少化で、労働力が不足し消費量が減れば、経済状況は悪化していきます。また、9・11を象徴とする国際的な事件を防ぐには、できるだけ広い地域で、情報を共有・管理することも必要でしょう。ですから、欧州連合（EU）は安全保障と経済発展を目的に、拡大を続けてきました。それによって商品や農作物だけでなく、人びとも自由に国境を越えて、資本や労働力が大量に流入するようになったのです。

　ところが、法制を整備するだけでは、グローバル化はうまく進まないようです。それに適応する精神とそれを養う教育が必要とされています。アウシュヴィッツを案内する私たちは、「エジュケーター（教育係）」と呼ばれるようになりました。ここは今、犠牲者に祈りを捧げる追悼の場であるとともに、多民族の共生・共存を目指す欧州にとって、大切な教育

なかたに・たけし
1966年兵庫県神戸市生まれ。会社員を経て、91年ポーランドへ渡る。97年国家試験に合格し、国立アウシュヴィッツ・ビルケナウ博物館にて、日本人初および唯一の公認ガイドとなり、現在にいたる。著書に『アウシュヴィッツ博物館案内』(凱風社)、『ホロコーストを次世代に伝える』(岩波ブックレット)。

の場なのです。欧州を中心に学校単位で多くの生徒がここを訪れます。見学者の70％は若者です。日本からも夏休みや卒業の季節になると、ゼミや個人旅行で学生たちがやってきます。

これから日本では高校の授業で、日本史と世界史を統合して「近現代史」を学ぶ機会が増えそうです。文部科学省は「グローバル化が進む中で、知識を活用し現代的な課題を解決できる人材の育成につなげる狙いがある。今日の世界情勢を理解するには、近現代史の転換点を重点的に学ぶ必要がある」と考えています(日本経済新聞2015年8月6日)。先進国と呼ばれる国ぐにの中で、日本は高齢化が著しく進むと予想されており、国民全体の人口に対し移民が占める割合が極めて少ないのが特徴です。アジアの政治・経済関係も、新しい局面に入っています。

■ 歴史の傷を癒すために
　一人ひとりが、過去と向き合う勇気を

どのような社会で、戦争が始まりホロコーストが起きたのか？　その答えはそう簡単には見つかりません。でもそれを考えるための材料がたくさんあることに、アウシュヴィッツで気づきました。時代や地域を結んで歴史を知ることによって、私たちの未来がそこにつながっていることがわかります。現場を歩いて見てふれることによって、貴重な体験をすることができます。

そしてここは和解の場でもあります。かつての被害国・加害国やその民族出身の若者たちが、アウシュヴィッツを一緒に見学しています。歴史の傷は世界中に残っています。それを癒すために、私たち一人ひとりが、過去と向き合う勇気をもたなければなりません。次世代の人びとが今日、そして未来の責任を果たすために、アウシュヴィッツがあるのです。ここで犠牲になったユダヤ人、ポーランド人、シンティとロマ、ロシア人やその他の諸国の人びと、そして精神障がい者、同性愛者、エホバの証人たちの死を無駄にしないためにも、それはグローバルな責任と言えるでしょう。

アンネ・フランクの足跡をたずねる

15年の生涯をおえる

ベルゲン・ベルゼン収容所

Gedenkstätte Bergen-Belsen

公開 1952年
住所 Anne-Frank-Platz, 29303 Lohheide, Germany（ツェレから約25km）
HP http://bergen-belsen.stiftung-ng.de

親友ハンネリとの再会

1944年10月末、アンネは姉とともに、再び貨車につめ込まれ、ドイツのベルゲン・ベルゼン収容所に送られた。娘二人が連れ去られてまもなく、母エーディトはアウシュヴィッツで亡くなる。

ベルゲン・ベルゼンは「死体置き場」と化していた。元は捕虜収容所だったこの場所は、戦争末期、他の収容所から次々とユダヤ人らが送り込まれ、超過密状態で混乱していた。アンネは、むき出しの湿った土の上に設けられたテントに放りこまれた。人びとは飢えやのどの渇きに苦しみながら、チフスや結核、赤痢で倒れていった。汚物や遺体はただ放置された。

1945年2月初旬、アンネは有刺鉄線越しに親友のハンネリと再会する。旧友との再会にアンネは喜び、そして絶望を告げた。大好きな父も亡くなり、私はもうひとりぼっちなの、と。

アンネの最期と生きのびた父

この頃アンネはチフスを発症していた。

ベルゲン・ベルゼンに建つアンネとマルゴーの記念碑

最近の調査で、アンネは、姉の後を追い、2月には衰弱して死亡していたとされている。

1945年4月15日、イギリス軍はベルゲン・ベルゼンを解放し、この場所を完全に燃やし尽くした。伝染病が猛威をふるっていたためだ。今はただ、「1,000」「5,000」と死者の数が記された塚があるだけだ。広い荒野のどこかにアンネは眠っている。この場所に立ち、今なお世界で続く暴力や紛争を思う時、アンネのひとつの問いかけが心に突きささる。「なぜ人間はおたがいに仲よく暮らせないのか」。

隠れ家の住人の中で生きのびたのは、アンネの父オットー・フランクだけだった。

Chapter 3
海を越えて日本にたどりついた記憶にであう

海を越えて日本にたどりついた記憶にであう

ホロコースト記念館 Holocaust Education Center, Japan

オットー・フランク愛用のタイプライター

開館 1995年
住所 広島県福山市御幸町中津原815
HP http://www.urban.ne.jp/home/hecjpn/　Email hecjpn@urban.ne.jp

ひとつのモノから想像してみよう

　ホロコーストの歴史を小学生や保育園児も学びに訪れる場所。それが、1995年に広島県福山市に開設されたホロコースト記念館だ。全国から修学旅行生も見学にやってくる。

　館長の大塚 信(まこと)氏は、ヨーロッパ各地に残るナチの強制収容所跡を訪ね、ホロコーストを生きのびた人たちに出会った。日本の子どもたちとホロコーストの歴史を学びたいと伝え、協力を依頼した。すると、貴重な遺品や写真が届いた。それらは、記念館の中で、訪れる子どもたちの目の高さにあわせて、小学生にもわかりやすい解説をつけて展示されている。

　ユダヤ人が上着の胸に着けさせられた「ダビデの星」[▶P43]。同じ人間になぜ「しるし」をつけて区別しなくてはならなかったのだろう。

　収容所で食器として使われていたボウル。底から2センチぐらいのところに跡が残っているのは、配給されたスープの量がわずかだったことを示している。

ガス室で犠牲になった子どものくつ

　縞模様の収容者服。奴隷のように働かされて、骨と皮だけにやせこけた体は、これ一枚で冬の寒さをしのげなかっただろう。

　15センチの小さなくつ。何歳の子がはいていたものだろう。行き先もわからず、恐怖の中、連れてこられたのは収容所のガス室。衣服をはぎとられ、髪の毛を刈られて、放り込まれた。もっと生きたかった。その願いを断ち切ったものは何だったのか。

　この記念館では、一つひとつの遺品が見る者に語りかける。

『アンネの日記』の編集に使用

　ホロコースト記念館がつくられる大きなきっかけとなったのが、アンネ・フランクの父オットー・フランクとの出会いだった。大塚館長は当時20代で、合唱団の一員と

アンネの父オットー愛用のタイプライター ©ホロコースト記念館（P68-69写真3点）

オットー・フランクさん

してイスラエルを旅していた時の偶然の出会いだった。「平和をつくりだす人になってほしい」という言葉を贈られ、オットーのあたたかい手にふれて、大塚館長は平和のバトンを受け継いだ。記念館を訪れる子どもたち一人ひとりの手を握り、大塚館長はオットーの思いを伝えてきた。

2007年に新館がオープンした時に、アンネの従兄からオットー愛用のタイプライターが寄贈された。娘の日記、『アンネの日記』を出版するために、オットーが編集作業に使ったものだった。家族でたった一人生きのびたオットーは、カタカタとこのタイプライターで文字を打ち込みながら、娘二人と妻を失った深い悲しみから少しずつ立ち直り、「作家になりたい」というアンネの思い [▶P54] を叶えたいと願った。

『アンネの日記』が出版されると、オットーのもとに世界中の読者から手紙が届いた。「なぜホロコーストのような悲惨なことが起きたのか」。若い読者たちの問いに応えるため、ふたたびタイプライターに手をおいた。1980年に91歳でこの世を去るまで、毎日返事を書き続けた。

ひとつの出会いにつき動かされた大塚館長の思いが数々の遺品に命を吹き込み、訪れる人たちの心を動かしている。「私も何かできることを考えてみよう」。記念館を後にする時、そんな思いが自然と心に芽生える。

海を越えて日本にたどりついた記憶にであう

アンネのバラの教会(アンネ・フランク資料館) Anne's Rose Church

平和のシンボル「アンネのバラ」

[開館] 1980年
[住所] 兵庫県西宮市甲陽園西山町4-7（見学は予約が必要）
[HP] http://www.annesrose.com/memorial [Email] church@annesrose.com

ベルギーの園芸家親子が作出

　つぼみの時は赤、花が開くと鮮やかなオレンジ色に変わり、最後は淡いピンク色に大きく花びらを広げて散っていくバラ。「アンネ・フランクの形見」と名づけられている。このバラは今、人の手から手へと受け渡され、日本全国で美しい花を咲かせている。

　ベルギーの園芸家ヒッポリテ・デルフォルヘが息子のウィルフリーデとともに作出した。ヒッポリテは旅先でアンネの父オットー・フランクに出会い、アンネが自然を愛し、とくにバラが好きだったことを知る。息子のウィルフリーデも戦後、『アンネの日記』を読んで、アンネの平和への願いに心を打たれた。10年の歳月をかけて、様々な土地で育ったバラを交配させて、1955年にこの新種のバラをつくった。

日本全国で咲く「平和のシンボル」

　デルフォルヘからバラを贈られたオットー・フランクはその後、『アンネの日記』の学習を通して交流があった日本の学校やキリスト教会に、苗を送った。兵庫県西宮市には、アンネ・フランクゆかりの教会がある。アンネの庭では、年2回、春と秋にバラが満開になる。全国の学校でも、アンネのバラは「平和のシンボル」として子どもたちが大切に育てている。トゲはするどく、虫もつきやすく、世話は簡単ではない。軍手をはめて、すり傷をつくりながら、子どもたちが接ぎ木をして、希望者に贈呈している学校もある。

　美しく色を変えていくこのバラは、アンネがもし生きていたら、どんな夢を開花させていただろうと思い起こさせる。失われた無限の可能性を記憶している。

「アンネ・フランクの形見」を作出したベルギーの園芸家ウィルフリーデ・デルフォルヘさん
黒川万千代撮影
©Kokoro

アンネのバラの教会の庭。併設の資料館には、オットー・フランクから託されたアンネの遺品が展示されている
©アンネのバラの教会

アンネのバラを追いかけた被爆者

黒川万千代さん

75歳の黒川万千代は、本や資料をいっぱいつめたリュックを背負い、杖をつきながら、アンネのバラが咲いている場所を探して日本全国を歩いた。沖縄は南風原で、北海道ではオホーツク海の厳しい風が吹きつける最北端の宗谷地方で咲いていた。「何よりも平和を」という万千代の思いは、アンネのバラに込められたメッセージと重なっていた。

万千代は1929年、アンネと同じ年に生まれ、16歳の時に広島で被爆した。全身の皮膚が焼けただれて助けを求める人たちが周りにいた。気がついたら、自分も膝が割れて骨が見えていた。学校の床板を外して、死体を燃やす手伝いをした。その中に、体育の先生の亡骸を見つけた。たくさんの死を見た万千代にとって、ホロコーストの悲しみは「人ごとではなかった」。

『アンネの日記』をはじめて読んだのは、大学生の時。人間と世界を見つめるアンネの深いまなざしに心を動かされた。被爆の証言をするために、50歳ではじめてヨーロッパを訪ねる。以来、何度もアンネの足跡をたどり、アンネを直接知る人たちに話を聞いた。旅先では、第二次世界大戦時の日本軍による暴力で傷ついた人たちにも出会った。

晩年は、アンネのバラを育てている人びとの話を集めて、本にすることが目標だった。訪ね歩いたのは30カ所以上。「どうしてそんなに一所懸命なんですか」。ある講演会で小学生からたずねられた時、万千代は答えた。「天国でアンネに会えたら、私も平和のために頑張ったのよ、と胸をはって言いたいから」。

2011年、82歳で白血病で亡くなった。母校の東京女学館では、「アンネのバラ委員会」の生徒たちが、アンネのバラを大切に育てている。

海を越えて日本にたどりついた記憶にであう

杉原千畝記念館 Chiune Sugihara Memorial Hall

難民を救った「命のビザ」

開館 2000年
住所 岐阜県加茂郡八百津町八百津1071
HP http://sugihara-museum.jp

自らの決断で2千枚以上のビザ発給

　戦争や暴力により母国を追われた難民が今も世界にあふれている。第二次世界大戦のさなかにも、ナチの同盟国だった日本まで逃げのびてきた数千人のユダヤ難民がいた。彼らは、リトアニアの日本領事・杉原千畝が発給した日本通過の許可証を手にしていた。それは今、「命のビザ」と呼ばれている。その一枚が、岐阜県八百津町の杉原千畝記念館にある。

　杉原領事のもとに大勢の難民が押し寄せてきたのは、1940年夏のこと。ナチ占領下のポーランドから逃げてきたユダヤ人たちだった。渡航に必要な資金は持ち合わせていない。日本を経由してその先はどこへ行くのか、目的地もわからない。ビザを発給するための条件は満たしていなかった。しかし、「困っている人を見捨てるわけにはいかない」と、千畝は外務省の訓令に反して、自らの決断でビザを発給することにした。

　ビザの写真[▶P73]をよく見ると、左側のページにもう一人の領事の名前がある。オ

杉原千畝
©NPO杉原千畝命のビザ

杉原千畝のもとに
逃げてきたユダヤ難民たち
©NPO杉原千畝命のビザ

ランダ領事代理ヤン・ツバルテンダイク。彼は、「カリブ海のキュラソーなどオランダ領の島に渡航する場合は、ビザがなくても入国できる」と難民たちのパスポートに書き込んだ。実際には入国許可の決定は植民地統治者に委ねられるため、これは正式な入国許可証ではなかった。しかし、千畝もこのキュラソー行きを前提として、日本通過を許可するビザを出したのだった。すでにリトアニアを併合したソ連から立ち退き

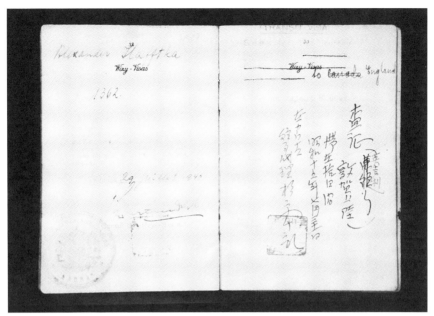
シルビア・スモーラーさんが八百津町に寄贈したビザ ©杉原千畝記念館

を命じられていた。時間はない。わずか1カ月の間に、2千枚以上のビザを書いた。

帰国後、外務省を解雇される

杉原千畝の生まれ故郷・八百津町にビザを寄贈したシルビア・スモーラーさんは、8歳で両親とともに日本を経由して、アメリカに逃れた。医学博士となり、ニューヨークの大学で教鞭をとりながら、ホロコーストから生きのびた体験を、語り続けてきた。「スギハラさんは、私だけでなく、私の子どもも孫も、3世代の命を救ってくれた」。アメリカ、カナダ、オーストラリアなど世界各地で、千畝に助けられた人たちは新しい家族を築いている。

一方、千畝は1947年に帰国後、外務省を解雇された。あの時訓令に反してビザを発給したことが理由だと受け止めた。後に千畝は手記の中でふり返っている。「外交官として間違ったことだったかもしれない。しかし、私には頼ってきた何千人もの人を見殺しにすることはできなかった*」と。

ユダヤ人を助けた各国の外交官たち

ホロコーストの中で、ユダヤ人を助けた外交官は他にもいた。スウェーデン人のラウル・ワレンバーグは、ハンガリーのブダペストで、中立国スウェーデンの保護下にあることを示す身分証明書を偽造し、ユダヤ人に配った。フランスのボルドーのポルトガル領事アリスティディス・デ・ソウザ・メンデスも、オーストリア・ウィーンの中国人領事フェン・シャン・ホも、本国の命令に背いて、ユダヤ難民にビザを出した。国や民族のちがいをこえて、人を人として尊重する心から生まれた勇気ある行いだった。

*『新版 六千人の命のビザ』杉原幸子著、大正出版、1994年より引用

海を越えて日本にたどりついた記憶にであう

人道の港 敦賀ムゼウム Port of Humanity Tsuruga Museum

9000kmを旅した腕時計

開館 2008年
住所 福井県敦賀市金ケ崎町金ヶ崎緑地44-1
HP http://www.tmo-tsuruga.com/kk-museum　Email jindou@ton21.ne.jp

命がけで欧州を脱出し日本へ

　杉原千畝が発給した日本通過ビザを手にして、ユダヤ難民たちは、1940年9月頃から、福井県の敦賀に上陸しはじめた。この港に今、当時の長い逃避行を物語るものが展示されている。古びた女性用の腕時計。持ち主はわからない。

　様々な思いを抱えて、命がけでヨーロッパから脱出した難民たち。青年モシェは、身を切られる思いで両親ときょうだいを故郷に残してきた。身重の女性ドラは、一刻も早く安全な場所で子どもを産みたかった。9千600キロもの道のりを約2週間、シベリア鉄道で横断した。途中でソ連の秘密国家警察が目を光らせていた。なけなしの所持金を押収される者もいた。

　やっとの思いでウラジオストクの港町にたどり着くと、途中でビザをなくしたり書類の不備が見つかったりする者も出てきた。すると、ウラジオストクの日本領事、根井三郎は、彼らに便宜を図り、日本への連絡船に乗り込むことができるように手助けをした。

神戸にてユダヤ難民にりんごを配る牧師たち。1941年

　そして、難民たちは荒波の日本海へくり出す。3日間、ひどい船酔いに悩まされた。「敦賀の港が見えた時、心から安堵した」と、当時の難民たちは口を揃えて言う。

　この時計の持ち主も、そうやって日本までたどり着いたのだろうか。「買い取ってほしい」と敦賀の時計店にやってきた。言葉は通じなかったが、「お金にかえてほしい」ということが身ぶり手ぶりで伝わった。単身で逃げてきたイスラエル・キペンは、無料で開放してもらった銭湯で長旅の疲れを癒した。「あたたかいお湯につかった時、天にも昇る気分だったよ」。

難民の姿を覚えている市民の証言

　今、敦賀の港には小さな資料館「人道の

ユダヤ難民が残していった腕時計
（人道の港 敦賀ムゼウム所蔵）

港 敦賀ムゼウム」が建っている。敦賀には空襲で焼かれ、第二次世界大戦時の資料がほとんど残っていない。郷土史を研究する市民が中心となって根気強く聞き取り調査を行ったところ、「難民の姿を覚えている」という多数の記憶を掘り起こすことができた。その貴重な証言が展示されている。

敦賀を経由して、難民たちは神戸にしばらく滞在した。教会の牧師たちは、りんごやみかんを木箱につめて難民に差し出した。援助活動の中心になったのは神戸の旧日本ホーリネス系教会の斎藤源八牧師。息子・信男牧師によると、自宅にもよくユダヤ人を迎えたそうだ。

「善意の連鎖」

ユダヤ教の聖書研究の専門家だった小辻節三は、流暢なヘブライ語を用いユダヤ人のために奔走した。通過ビザでは日本滞在期間がわずか10日だったため、次の行先が決まるまで滞在期間を延長できるように外務省に働きかけた。杉原領事のビザ発給にはじまり、その後の難民たちの長い逃避行を助けた人々の行いは今、「善意の連鎖」といわれている。

1941年12月、日本が真珠湾を攻撃する直前までに、難民たちは安住の地を求めてアメリカなどへ渡っていった。最後まで行き場の見つからなかった人たちは、上海へ送られた。1943年、日本軍は虹口（ホンキュー）地区を「ゲットー」に指定し、ユダヤ難民はそこで隔離された。

上海の旧ユダヤ人居住区に建つ記念碑 ©Kokoro

ユダヤ人たちが敦賀を経ていった長い道のりを思い浮かべてみると、広い世界の歴史のつながりに改めて気づかされる。

3章 海を越えて日本にたどりついた記憶にであう　75

助けられた命のメッセージ
日本まで逃げてきた難民たち

NPO法人ホロコースト教育資料センターでは、2000年に広島県福山市のホロコースト記念館と共同で、杉原千畝のビザを手に日本まで逃れてきた難民たち30名と交流し、貴重な体験を集めた。

「300人分のビザをください！」

モシェ・ズプニックさん
（1917年、ドイツ生まれ）

家族の写真を見せるモシェ・ズプニック。NYの自宅で。2000年 ©Kokoro

日本を通過して逃げ延びたミール神学校の学生たち。上海にて ©USHMM

　ヒトラーがドイツで政権を握った1933年、16歳のモシェは、ポーランドに移り、そこでミール神学校（イェシバ、ユダヤ教神学校）に通うことに。6年後、ナチ・ドイツがポーランドに侵攻すると、ミール神学校はリトアニアのヴィリニュスに移された。まもなくそこも安全ではなくなり、学生たちはヨーロッパを脱出する必要に迫られた。

　ドイツ語と英語が堪能だったモシェは、日本への通過ビザを手に入れるために、カウナスの日本領事、杉原千畝のもとに交渉役として派遣された。「スギハラさんは私の話を真剣に聞いてくれました。『300人分のビザをください！ 手伝いますから』と訴えると、そうしましょう、と言ってくれたのです。見知らぬ青年に領事館で働く許可を与えてくれるなんて。私は2週間、領事館に泊まり込みました。」

　こうして300枚のビザを手にして、モシェたちは無事に日本にたどりついた。ホロコーストの中で、学生全員が助かったのは、ミール神学校ただひとつといわれている。

「新しく生まれる命のために」

ドラ・グリンバーグさん（1913年、ポーランド生まれ）

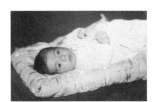

1941年3月神戸で生まれたドラの息子ロバート

ドラ・グリンバーグ（右）の家族。
中央が日本で生まれたロバート
上下2点ともに©The Grynberg Family

　第二次世界大戦が始まると、夫オスカーとともにドラは、両親と兄弟と別れて、リトアニアのヴィリニュスへ向かった。27歳のドラはこの時、妊娠していた。「乳飲み子を抱えて逃げることはできません。赤ちゃんが生まれる前に、自由で安全な地にたどり着かなければなりませんでした。」

　親戚をたよってアメリカへ逃げることを考えていたが、なかなかビザを出してもらえず、絶望していた。そんな時、カウナスで日本通過のビザが手に入るという噂を聞き、夫オスカーは日本領事館へ向かった。ビザを手にして、極寒のシベリア大陸を横断し、ウラジオストクから敦賀に向かう頃、ドラはすでに妊娠8カ月だった。

　「『こんなときに赤ん坊を身ごもっているなんて無茶な！』とお腹の大きい私を見て人びとは言いました。けれど私は、こんな苦しい時だからこそ、未来への希望であるこの命を自由の地で産むんだと固く決意していました。」

　1941年3月、日本にたどり着いたドラは神戸で無事に息子ロバートを出産した。

　2001年、オーストラリアのシドニーで子ども、孫、ひ孫に囲まれてドラは幸せに暮らしていた。90歳を超えてもずっとおぼえていた日本語がひとつあると教えてくれた。「神戸でロバートを連れてよく散歩をしました。すると、通りすがりの人たちが声をかけてくれたんです。『カワイイ　アカチャン』ってね。その優しい言葉が忘れられません。」

海を越えて日本にたどりついた記憶にであう

NPO法人ホロコースト教育資料センター Tokyo Holocaust Education Resource Center

命を運ぶ「ハンナのかばん」

設立 1998年
住所 東京都新宿区大京町22-1 HAKUYOHビル6階（展示施設ではなく、主に出張授業を行う[▶P95]）
HP http://www.npokokoro.com　Email tokyoholocaustcenter@gmail.com

アウシュヴィッツから届いた遺品

どっしりとした幅65cmの茶色いトランクをそっと取り出して見せると、ワイワイとおしゃべりをしていた子どもたちの視線がくぎづけになる。「でっかいなぁ」「旅行にいいね」「何を入れていく？」「洋服！」「お菓子！」「ゲーム！」楽しい旅を想像してみると、あれもこれもつめていきたくなる。そっと開けてみると、中は空っぽだ。

かばんの表面には、白いペンキで大きく文字が書いてある。

「ハンナ・ブレイディ　1931年5月16日生まれ　孤児」

持ち主の少女ハンナは、13歳でアウシュヴィッツのガス室で殺された。

このかばんは2000年、ポーランドの「アウシュヴィッツ博物館」から、東京の「ホロコースト教育資料センター（以下Kokoro）」に届いた。Kokoroは、ホロコーストを教材にして、世界や歴史への広い視野、寛容な心を育みたいと願い、寄付金をもとに1998年に小さな資料室を開設した。「子どもたちが見たホロコースト」といっ写真展を開催するため、ポーランドのアウシュヴィッツ博物館に遺品の貸し出しを依頼すると、子どものくつ、くつ下、小さなセーター、毒ガスの空き缶、「ハンナのかばん」の5点が届いた。

見学に来た子どもたちの注目を一番に集めたのが、「ハンナのかばん」だった。どんな少女だったのだろう。子どもたちは、失われたひとつの命に思いをめぐらせた。この少女について、Kokoroで調査をしてみることにした。

生きていたお兄さん

まもなく、数多くの偶然や幸運が重なり、驚くべきことがわかった。ハンナには生き

ハンナとジョージ。収容所に連れ去られた母親に送るために撮られた写真。1941年

のびた兄がいた。その兄ジョージ・ブレイディは、カナダのトロントに暮らしていた。連絡をとってみると、長い手紙に妹との思い出を書きつづって送ってくれた。幸せだった頃のハンナと家族の写真も同封されていた。かばんの上に書かれたハンナという名前と、かわいらしい、ふっくらとした頬の少女の顔が、目の前で重なった。

2001年、ブレイディははじめて来日し、「ハンナのかばん」と対面した。「妹を守れなかった」という深い悲しみを今も抱えていた。目を涙で潤ませながら、ブレイディは、「ハンナのことを知りたい」と心待ちにしていた日本の子どもたちに、妹との思い出を話してくれた。

ハンナのたどった道

ハンナは、チェコスロバキア（当時）の

（上）2000年にポーランドのアウシュヴィッツ博物館からKokoroに届いた複製の「ハンナのかばん」
（左）10歳のハンナ

モラビア地方の小さな町ノブ・メストに生まれた。ユダヤ人の子どもはハンナと兄ジョージの二人だけだったが、家族はキリスト教徒の町に溶け込んで暮らしていた。

1939年、ナチ・ドイツがチェコスロバキアを併合すると、ユダヤ人に対する迫害は、幼い兄妹の自由をも奪っていった。通学を禁じられたのは、ハンナが9歳の時だった。1941年、家族で最初に収容所に送

2001年3月、当時、開設していたKokoroの展示室で「ハンナのかばん」と対面したジョージ・ブレイディさん

約14万人のユダヤ人がナチによって、テレジン収容所に送り込まれた。そのうち9万人の名前の記録が今も残っている。下から4番目Brady Georgの名前には「生存」を意味する四角い囲みがある

られたのは母親だった。半年後に、父親が連行された。ハンナとジョージにも翌年、移送命令が届いた。かばんに衣類と食料、寝袋をつめた。

　二人は、チェコスロバキア国内のテレジン収容所に送られた。ジョージは親代わりとして妹を守ることを心に誓う。2年が過ぎた頃、ジョージは先にアウシュヴィッツへ送られた。1カ月後、ハンナの移送の日が来た。

　「きれいにしていきたい」と、兄との再会を信じて、身なりを整えた。年上の子にたのんで、髪の毛をポニーテールに結ってもらった。かばんを手にして、喜んで貨車に飛び乗った。しかし、アウシュヴィッツに降り立つと、ハンナはそのままガス室へ送られて、殺された。

深い悲しみと消されかけた記憶

　「妹を生きて連れて帰りたかった」
　ブレイディは、涙ながらに語った。半世紀以上の年月が過ぎてもなお、癒されることのない大きな悲しみが、子どもたちの胸に迫ってきた。教師になることを夢見ていたハンナ。収容所では体の大きい兄のために、自分のパンを届けた。もっと生きたかった。ハンナの姿が浮かび上がってくる。「差別や暴力のない世界をつくってほしい。あなたができることを考えてみて」。
　ブレイディは日本の子どもたちに優しく

語りかけた。

ひとつのかばんから、持ち主の兄ジョージ・ブレイディの消息が明らかになって、4年後のこと。実物の「ハンナのかばん」は焼失していたことがわかった。1986年、イギリスに貸し出されたアウシュヴィッツの遺品が、放火と疑われる火事で全焼した。「ハンナのかばん」もそのひとつだった。

2000年、Kokoroに届いたのは、火事の後でつくられた複製だった。ブレイディも知らされていなかった事実に衝撃を受けた。歴史を消し去ろうとする人がいるなら、「ハンナのかばん」と出会った私たちがしっかりと学ばなければならない。かばんと出会った子どもたちは新しいメッセージを受け止めた。

「ハンナのかばん」から広がる学び

「ハンナのかばん」は今、国内外の学校を訪れている。これまで千の学校を訪ね、25万人の子どもたちに出会った。

カナダの多文化社会では、全土の学校で寛容な心を育む教材として活用されている。「モホーク・カレッジ」の英語準備クラスには、移住してきたばかりで、英語もたどたどしい生徒たちが集まっていた。「ハンナのかばん」の学習をきっかけにして、それぞれの不安や悩みをうちあけ始めた。「イスラム教徒は嫌いだった。キリスト教こそ最高の教えだと思っていた」「ヒジャブ（イスラム教徒の女性が髪を隠すために用いるスカーフ）を身につけていたら嫌われるかと不安だった」。クラスメートの気持ちをはじめて知る機会となり、その後、ク

「ハンナのかばん」はドイツ、メキシコ、スコットランドなどの学校も訪問した。写真はカナダの子どもたち。

ラス目標をつくった。「みんな平等」「言葉のなまりを馬鹿にしない」「このクラスでは自由に意見を言って反論してもいい。それでも友達だ」。ヨルダン、キューバ、インドなど、生まれも信仰も違う生徒たちが、ハンナの物語を通して、おたがいを知り、理解することが大切だと感じ、学校という身近な社会を自分たちの手で、より良くしたいと考えた。

南アフリカの学校も訪問した。この国では、2005年からすべての高校でホロコーストが必修科目になっている。40年以上続いたアパルトヘイト（人種隔離政策）もホロコーストも、政府が法制化した差別だった。前者は「有色人種」を隔離すること、後者は「ユダヤ人」を絶滅させることが目的だった。ふたつの歴史を学ぶことで、「白人」や「黒人」の枠を超えて、人間の負の心に向き合う学習が実践されている。2016年にヨハネスブルクに新しく開館した「ホロコースト＆ジェノサイドセンター」では、ルワンダやアフリカ大陸で起きた他の虐殺にも視野を広げて学ぼうという挑戦が行われている。

生きのびた少年ジョージ

ハンナの兄ジョージ・ブレイディは、アウシュヴィッツを16歳で生きのびた。戦後は、死と直面した恐ろしい日々のことを家族にもあまり話さなかったが、2001年の来日をきっかけに、世界中の子どもたちに自らの体験を語り始めた。

アウシュヴィッツに着いた日

1944年9月、アウシュヴィッツに着いたのは真夜中だった。貨車の扉が荒々しく開けられ、まぶしい光がジョージの目を突き刺した。銃を構えたSS（ナチの親衛隊）が「早く降りろ！」と怒鳴りちらし、シェパード犬が吠えたてる。一列に並ばされ、友だちのペトルは右へ、ジョージは左へと分けられた。やせこけて弱弱しく見えたペトルは、きっと楽な労働にふり分けられたのだろう……ジョージはそう思った。しかし、ペトルはすぐに殺されていたことが後でわかった。たくさんの友達が、死体焼却炉からもくもくと立ち込める煙となって消えていった。

人間の心を取り戻したい

アウシュヴィッツでは、線路や貨車の修理作業をさせられた。2週間毎に工場が休みになる日曜は、特に恐ろしかった。石の塊を背中に載せて何往復も走らされた。くくりつけたヒモが喉に食い込み、息ができず倒れ込むと、SSがさらに大きな石をジョージの背中に載せた。何度も殴られ、蹴り飛ばされた。少しずつ感情がなくなっていった。

仲間が殴られているのを見て、安堵し

娘のララが14歳の時に、ジョージは戦後はじめてアウシュヴィッツを再訪した ©The Brady Family

た瞬間があった。「自分じゃなくてよかった」。それがジョージにはつらくてたまらなかった。「人間の心を取り戻したい」。

鉄の破片を研いで、ナイフをつくった。配られたひとかたまりのパンをスライスするために。ナイフを隠し持つことは恐ろしく危険な行為だったのに、なぜ？「人間らしく食べたかったから」とジョージは言う。

ジョージの右腕には、アウシュヴィッツで刻まれた入れ墨の番号「B11498」が今もくっきりと刻まれている。「消そうと思ったことはないんですか？」という質問に、ジョージは答える。「一度もないよ。この番号を見たら、どんなにつらいことだって、へっちゃらになるんだ。」

2016年2月、ジョージは88歳の誕生日を迎えた。ガス室に消えた仲間たちのことを今も語り継いでいる。

Chapter 4
私たちは今、
「ホロコーストの記憶」から
何を学ぶのか?

[著者対談] ◆石岡史子 ◆岡 裕人

600万分の1の命の重みをカタチにする

――ヨーロッパの国ぐにでは、「ホロコーストの記憶」を社会全体で共有する努力が、今日も続けられています。特に1990年代以降、記憶を伝える新しい試みが各国で見られますが、日本にもぜひ紹介したいと思ったものがあるそうですね。

石岡◆アウシュヴィッツを生きのびたハンナの兄ジョージさん [▶P78] とずっと交流を続けてきたのですが、ある時「祖父の『つまずきの石』[▶P30] を埋めるんだ」という連絡をもらったんです。「それってなんだろう」と思って調べてみたら、10センチ四方の真鍮のプレートなんです。ドイツではあちこちの街の道端に、埋まっているそうですね。

岡◆はい。私の住んでいるフランクフルトにもあります。このプロジェクトは1997年にベルリン出身のアーティストが始めたものですが、今ではドイツだけでなく、オランダでもオーストリアでも。今までに、ヨーロッパ20カ国の約1600の街で、計5万5千個以上の石が埋められているそうです (2015年11月現在)。

石岡◆プレートには、誰々がここに住んでいて、何年何月にどこの強制収容所に移送されたのかが彫られていて、最後に居住していた場所の、まさにその玄関先の道端に、「つまずきの石」が埋まっているんです。

　ホロコーストとは600万人が犠牲になった虐殺で、何でそんなことが起きたの？っていうのは大人でも理解が難しい……だから入口を小さくして、ここで一人の命が失われたんだよっていうことを記憶しているわけなんです。虐殺とか戦争の歴史に向き合うのはつらいし、どちらかというと蓋をしたいというのが、人間の心情だと思いますが、つまずきの石に出会った時、こういうカタチで歴史に向き合うのも、ひとつの方法なんじゃないかと思いました。

　それと、ぜひご紹介したかったのが、ベルリンのバイエルン地区のプロジェクト「記憶の現場」[▶P12] です。ねことかパンとか、カラフルなイラストの看板が80カ所もこの地区に立っているんです。何だろうって看板の裏を見てみると、「ペットを飼ってはいけない」「午後4時から5時までしか食料品を買ってはいけない」とか、虐殺に至るその前の段階で、ユダヤ人がどんなふうに日常生活で自由を奪われていったのかという禁止条項だとか法令が書いてあるんですよね。

岡◆この地区には昔からたくさんのユダヤ人が住んでいたんです。ところが第二次世界大戦中にナチに強制連行されたり亡命したりして、ユダヤ人がいなくなってし

まったという歴史があるのに、それを記憶するものが、長い間何もなかったんです。

それで、これはいかんと、何か記念碑を建てようという声が市民の中からわき上がってきて、ああだこうだと大きな議論になり、それに突き動かされ行政が主になって、コンペをやった。そうしたらいろんなアイデアが集まった結果、この地区全体を「記憶の現場」としてアピールしようというベルリンの二人のアーティストが提案したこの作品に決まったというわけです。

ドイツでは、ほとんどすべてのこういった記念碑は、まずきっかけは市民の中から起こるんですね。最初から行政がここにこれをつくりましょうと言って決まるんじゃないんですね。最後には行政、政府が動かないと、お金がかかることなので何事も進まないけれど、一番最初は市民がイニシアティブを執る――これはもうドイツすごいなあと、思います。

追悼記念碑「17番線」

制作者のシュノックさんにお会いし、作品へ込めたメッセージを直接お聞きすることができました。「従来、ホロコーストの記念碑というと、何か重々しいモニュメントがあって、そこで過去の大事件を追悼するような例が多かったのですが、自分たちはそうじゃなくて、何気ない日常生活の中で、ホロコーストの悲劇、ユダヤ人に対する迫害が起こっていたことを伝えたい。アウシュヴィッツに送ってガス室で殺害するというのは究極の迫害だけれども、日々の生活について事細かに規制されていった迫害のはじまり、そこを記憶しているんです」と語ってくれました。

「石けり」の看板もありましたけど、「ドイツ人とユダヤ人の子どもは遊んじゃダメ」だという子どもの生活への規制まであったんです。

石岡◆バイエルン地区に行った時、その看板の下で、実際に子どもたちが遊んでいました。だから、ふっと見上げると、子どもたちもわかるじゃないですか。「ああ、あの時は、ユダヤ人の友達と一緒に遊べなかったんだなあ」とか。

その他にも「空っぽの図書館」[▶P14]、「17番線」[▶P18]、「誰もいなくなった部屋」[▶P28]だとか、ドイツのこういう記憶のカタチの数々、記憶の仕方というのが、第二次世界大戦の歴史となかなか向き合うことができていない日本にも、ヒントになるかなと思ったんです。

ホロコーストってアウシュヴィッツや虐殺から始まったのではなくて、まずは「ユダヤ人ってそもそも誰？」っていうところの線引きから始まったわけです。国勢調査で祖父母の代までさかのぼって、4人のうち3人がユダヤ教会に属していれば「ユ

ダヤ人」って登録されたんですよね。長いヨーロッパの歴史の中で、キリスト教社会に同化していた人もいたり、「ユダヤ人」といっても、多様な存在だったのに。

　この過程を知ることが、ホロコーストの当事者でない日本のような国で、ホロコーストを学ぶ意義なのではないでしょうか。虐殺というと日常からかけ離れているけれども、「よそ者」っていう線引きは、私たちの普段の生活の中でいくらでもやっていることで、アウシュヴィッツに至るまでの出来事を、こうやって残して記憶しているのは、すごいなあと思います。

戦後ドイツ民主主義の原点はアウシュヴィッツにあり

――ドイツは「過去の克服」をしてきたと言われますが、現在ドイツの学校では「ホロコースト」を、どのように学んでいるのでしょうか。

岡◆ドイツでは小学校の高学年ぐらいから、少しずつ授業でホロコーストに関連する話もしていくんですね。最初はドイツ語や宗教の時間などで「差別」などを取り上げる中で。学年が上がって6年生ぐらいから、はじめて歴史が教科として出てくるんです。まず原始、古代、中世、近代を通して学習します。そして現代、20世紀の大戦とナチ時代、戦後ドイツの分断と再統一の歴史は、中学3年生か高校1年生にあたる学年で1年かけてしっかりと学習し、ホロコーストの過程も一つひとつ学んでいきます。

　肝心なのは、歴史の授業と並行して、日本の公民や政治経済に相当する授業で「民主主義とは何か」を学習することです。「民主主義に対抗するかたちでナチの独裁が出てきたのだから、民主主義は本当に大切なんだ」ということを学びます。

　戦後ドイツの民主主義は、ホロコースト、特にシンボルであるアウシュヴィッツの経験をしたことを元に始めたという経緯があるので、「戦後ドイツ民主主義の原点はアウシュヴィッツにあり」とまで言われるんです。

　そういったことが十分に理解できてからでないと、強制収容所跡に見学に行っても、ただ「怖い」だとか、「昔こんなひどいことがあったんだ」「こんな人殺しはもう二度とあってはならないよね」とか、それだけで終わってしまうんです。

　でもそうじゃない。重要なのは、二度とそんなことが起こらないように、もし、起こりそうになったら、将来の国民がストップをかけなきゃならないんです。子どもたちをそういった国民に育てていくためには、批判する精神をもって、言いなりにならない、独裁を許さない――ドイツは、そういった批判精神をもった民主主義を大切にしているわけですね。

ジェノサイドを予防するために

――― 世界の「ホロコースト教育」の現状について教えてください。

石岡◆「ハンナのかばん」の訪問授業はカナダ、アメリカ、メキシコ、ドイツ、オーストラリア、南アフリカなど、世界中で行ってきたんですが、ハンナのお兄さんが暮らしているカナダが、一番多いんですね。カナダには、戦後移住した「サバイバー(ホロコーストを生きのびた人)」がたくさんいますし、当時ユダヤ難民に門戸を閉ざしていたという反省もあって、ホロコーストの歴史を忘れないという教育活動も盛んです。当事者ではないともいえるのですが、だからこそ様々なテーマで学習に取り組んでいるのでしょう [▶P81]。

カナダでの講演会「ハンナのかばん」

例えば、カナダに移住したばかりの難民の子は、文化や言葉の違いもあり、一緒に学校生活を送っていくことが難しいわけです。そういう時に、先生が「ハンナのかばん」を通してホロコーストを学習させます。その後に「今度は自分たちのルーツを調べてみよう」という宿題を出すんです。カナダは移民の多い国です。家に帰って「移住してきた時はどんなふうだったのか」「どんなものを持ってきたのか」なんていうことを祖父母に聞き取り調査をして、「私の家族」というかばんをつくり、学校の体育館とかで展示発表会をするんですね。地域の人たちも招いて、子どもたちは誇らしげに「私のルーツはこうです」と説明する。クラスメートも「そういうバックグラウンドがあってカナダに来たんだ」と知ることで、難民の子もふくめて、おたがいを受け入れ、理解しあっていくんです。

意外だったのは、カナダのある街で、出産・育児を支援している財団が、「育児真っ最中のお母さん、お父さんとホロコーストを学ぼう」と「ハンナのかばん」の講演会を開いてくれた時でした。その企画の意図は、人間の普遍的な偏見とか自分と異なるものを受け入れられない弱さを人間は誰でももっている、ホロコーストの根っこになったその人間の弱さを学ぶのは、家庭での子育てにも大切だというものなんですよね。ホロコーストを教材にした学習の広がり、そして身近なテーマとして取り上げていることに驚きました。

日本では「ホロコースト」は戦争の中のひとつの出来事として捉えられることが多いのですが、カナダにかぎらず海外では、事象として知るだけではなく、ホロコ

ーストの歴史から学ぶ実践がとても多いんです。つまり「Learning about the Holocaust（ホロコーストを学ぶ）」だけじゃなくて、「Learning from the Holocaust（ホロコーストから学ぶ）」なんですね。世界をまわりながら、「ホロコースト教育」の無限の可能性を実感しています。

——— 2014年に参加されたオーストリア・ザルツブルクでの「グローバルセミナー」では、どんなことが話し合われたのでしょうか。

石岡◆ここでは世界の環境問題、メディアリテラシー、医療・医学分野など、さまざまなテーマの会議が毎年行われているのですが、その中のひとつが「ホロコースト教育とジェノサイド（大量虐殺）予防」というテーマだったんです。ホロコースト以降も世界各地で虐殺はくり返されているし今もなくならない。これから先のジェノサイドを防ぐために、ホロコースト教育をどう活用していけるのか、その可能性について話し合われたんです。

世界30カ国の博物館のディレクターやNGO、政府レベルの人や、教育に携わっている人たち40数名が集まりました。ロシアとウクライナからも、トルコはアルメニア人虐殺の歴史もありますが、それぞれふたつの国から代表がいらしてましたね。アジアは私が日本からの参加、中国、韓国、カンボジアからも。カンボジアはポルポト政権下の虐殺を経ているので、自国の歴史を学んでいくのに、ホロコーストを教材として活用していけないかと、模索しているとのことでした。

あとはモロッコとかエジプト、パレスチナなど、ホロコーストとは関係のなさそうな国や否定論が根強い場所でも、大学教授が参加していて、私たちの国でもホロコースト教育は大事だと思うと発言されていました。

ドイツやかつてのナチ占領下のヨーロッパの国ぐにが、過去と向き合っていこうとしていることは、報道もされていますし、日本でも知られていますが、ホロコーストから学ぶことは、今やヨーロッパだけではなく、当事者ではない国でも、ますます広がっているということを、この会議でも改めて知りました。

「未来へのヒント」があるから過去と向き合う

———グローバル化が進む世界で、ホロコーストを学び続ける理由は？

岡◆現在、ヨーロッパが抱えている一番大きな問題はテロと難民問題です。ドイツをめざしてやって来たシリアからの難民は、今や100万人を超えています。とかくグローバル化、国際化とかいう言葉はいいイメージで使われますが、このふたつの

問題は根っこは同じ、世界がグローバル化する中で出てきた負の側面なんですね。

ドイツは、ホロコーストへの反省と被追放民の記憶＊を元に、難民を助けることを憲法にも謳っています。ですから難民を受け入れるというその基本的な姿勢は一貫して崩していませんし、今後条件が付加されてもそれは続いていくと思います。

そういう意味でも、難民問題っていうのはずっと過去にさかのぼる。だけど、ドイツは過去をひきずるのではなくて、それを元に今の問題に対応する考え方を生み出しているんです。日本も見習うべきところがあると思います。

石岡◆難民問題という点では、日本は難民をほとんど受け入れていませんが、難民を中傷するようなものが、ネット上やSNSで拡散されていたりします。また在日コリアンに対するヘイトスピーチとか、四国の遍路道で外国人立ち入り禁止というようなポスターが貼られたりとか、サッカー場でもありましたよね。「ジャパニーズ・オンリー」と

「最大の悲劇は(難民を)忘却することだ」

か。相手がどういう傷を負うかを考えずに発してしまうということが、今の日本社会でも広がってきている感じがして、危機感をもっています。

私たちは「どっちの価値観が大事なの？」と選択を迫られる場面が、増えていると思うんです。そういう時に、「ホロコーストの時代には、憎しみをあおるような排他的な言動というものが、どんな結果を生み出したのか」を知っているかいないかで、選択は違ってくるでしょう。

戦後70年が経ち、戦争の歴史がどんどん遠くなってきています。過去と向き合うということ、過去から学ぶということ、それは「未来へのヒント」があるからなんだということを、もっと共有していきたい。歴史って、人間がときどきに選択して歩んできた道なのだから、「この先どういった社会に生きていきたいのか」といった時に、歴史から学ぶしかないんじゃないか。そこには加害被害とかを超えたものがあるのではないかと思うんです。

岡◆過去に起きた戦争犯罪に対して、何世代も経てば、実際問題直接の責任はないです。でも、私たちには、過去の事実を正しく知り、そこから学んだものをどう未来に活かしていくか、それを未来に引き継いでいく責任はあります。そういう意味で、責任を繋(つな)いでいくことが大事なことではないでしょうか。

（まとめ・構成／北川直実）

＊第二次世界大戦末期から直後に、ソ連軍に占領されたドイツ帝国東部地域から千数百万人ものドイツ人が故郷を追われ難民となり、ドイツ西部へと逃亡した。途中、迫害や暴行を受け、殺された者も多かった。

Learning about & from the Holocaust

世界のホロコースト博物館　＊2016年5月現在

ナチ・ドイツおよび占領下につくられた収容所は、その多くが記念館や博物館として現在も保存され、一般に公開されています。各国の主な施設をリストアップしました。

ホロコースト記念碑ポータル　http://www.memorialmuseums.org
ヨーロッパ各国のホロコースト記念碑や博物館の情報を見ることができるデータベース。
「虐殺されたヨーロッパのユダヤ人のための記念碑」財団が運営している。

ドイツ
★日本語の説明もあるサイト

ヴァンゼー会議の館・教育センター	http://www.ghwk.de ★
ダッハウ収容所	https://www.kz-gedenkstaette-dachau.de
ラーフェンスブリュック収容所	http://www.ravensbrueck.de
ブーヘンヴァルト収容所	http://www.buchenwald.de
テロのトポグラフィー	http://www.topographie.de

ポーランド

マイダネク収容所	http://www.majdanek.eu
ソビボル収容所	http://www.sobibor-memorial.eu
ポーランド・ユダヤ歴史博物館	http://www.polin.pl

チェコ

テレジン収容所	http://www.pamatnik-terezin.cz
プラハ・ユダヤ博物館	http://www.jewishmuseum.cz

フランス

ショア記念館　http://www.memorialdelashoah.org

イギリス

アンネ・フランク・トラスト　http://www.annefrank.org.uk

ベルギー

メヘレン収容所　https://www.kazernedossin.eu

オーストリア

マウトハウゼン収容所　http://www.mauthausen-memorial.org

オランダ

ヴェステルボルク収容所　http://www.kampwesterbork.nl

デンマーク

デンマーク抵抗博物館 ＊現在休館中、2018年開館予定。アーカイブは今も訪問可能。
http://en.natmus.dk/museums/the-museum-of-danish-resistance-1940-1945

ハンガリー

ホロコースト記念センター　http://www.hdke.hu

リトアニア

杉原千畝記念館　http://www.sugiharahouse.com　★
カウナス第九要塞博物館　http://www.9fortomuziejus.lt

ロシア

ロシア・ホロコースト研究教育センター　http://en.holocf.ru

イスラエル

ヤド・ヴァシェム　http://www.yadvashem.org
ゲットー戦士の博物館　http://www.gfh.org.il

アメリカ

米国国立ホロコースト記念博物館　http://www.ushmm.org　★

オーストラリア、ニュージーランド

シドニー・ユダヤ博物館　http://sydneyjewishmuseum.com.au
メルボルン・ホロコースト資料センター　http://www.jhc.org.au
ニュージーランド・ホロコーストセンター　http://www.holocaustcentre.org.nz

南アフリカ

ヨハネスブルク、ケープタウン、ダーバンのホロコーストセンター
http://www.holocaust.org.za

中国

上海ユダヤ難民博物館　http://www.shanghaijews.org.cn

国連

ホロコーストと国連アウトリーチプログラム
http://www.un.org/en/holocaustremembrance
毎年1月27日の「ホロコースト国際デー」にニューヨークの国連本部で教育事業が行われる。

Learning about & from the Holocaust

おすすめブックリスト

12年間におよんだホロコーストの歴史を解説したものや、体験者の証言や日記、大人も手にしてみたい絵本まで、さまざまなジャンルの本を選びました。
「◆印」は本書の執筆にあたって、特に参考とした文献です。

ホロコースト史、ドイツ史

『なぜ、おきたのか――ホロコーストのはなし』クライヴ・A・ロートン著、大塚信監修・訳、石岡史子訳、岩崎書店、2000年
『図説 ドイツの歴史』石田勇治編著、河出書房新社、2007年◆
『ホロコースト』芝健介著、中公新書、2008年◆
『ヒトラーとナチ・ドイツ』石田勇治著、講談社、2015年◆
『ホロコースト全史』マイケル・ベーレンバウム著、芝健介監修・訳、創元社、1996年◆
『ホロコーストを学びたい人のために』ヴォルフガング・ベンツ著、中村浩平・仁著、柏書房、2012年◆
『ホロコースト歴史地図 1918-1948』マーチン・ギルバート著、滝川義人訳、東洋書林、1995年◆
『ナチズム下の女たち 第三帝国の日常生活』カール・シュッデコプフ編著、香川檀他訳、未来社、1998年◆
『ナチズム下の子どもたち 家庭と学校の崩壊』エーリカ・マン著、田代尚弘訳、法政大学出版局、1998年◆
『ヨーロッパ・ユダヤ人の絶滅 上・下』ラウル・ヒルバーグ著、望田幸男他訳、柏書房、1997年◆
『ニュルンベルク裁判』芝健介著、岩波書店、2015年◆

子どもの体験

『ハンナのかばん アウシュヴィッツからのメッセージ』カレン・レビン著、石岡史子訳、ポプラ社、2006年
『わたしは千年生きた 13歳のアウシュヴィッツ』リヴィア・ビトン・ジャクソン著、吉澤康子訳、日本放送出版協会、1998年
『運命ではなく』イムレ・ケルテース著、岩崎悦子訳、国書刊行会、2003年
『テレジンの子どもたちから ナチスに隠れて出された雑誌『VEDEM』より』林幸子編著、新評論、2000年
『テレジンの小さな画家たち ナチスの収容所で子どもたちは4000枚の絵をのこした』野村路子著、偕成社、1993年
『キンダートランスポートの少女』ヴェラ・ギッシング著、木畑和子訳、未来社、2008年
『エーディト、ここなら安全よ ユダヤ人迫害を生きのびた少女の物語』キャシー・ケイサー著、石岡史子訳、ポプラ社、2007年

アンネ・フランク

『アンネの日記 増補新訂版』アンネ・フランク著、深町眞理子訳、文藝春秋、2003年◆

『アンネ・フランク　その15年の生涯』黒川万千代著、合同出版、2009年◆
『思い出のアンネ・フランク』ミープ・ヒース著、深町眞理子訳、文藝春秋、1987年
『アンネ・フランク最期の七カ月』ウィリー・リントヴェル著、酒井府・明子訳、徳間書店、1991年◆
『アンネ・フランク・ハウス　ものがたりのあるミュージアム』アンネ・フランク・ハウス編、1999年◆

証言

『夜と霧　新版』ヴィクトール・フランクル著、池田香代子訳、みすず書房、2002年
『アウシュヴィッツは終わらない　あるイタリア人生存者の考察』プリーモ・レーヴィ著、竹山博英訳、朝日新聞社出版局、1980年
『夜　新版』エリ・ヴィーゼル著、村上光彦訳、みすず書房、2010年

ユダヤ人を助けた人たち

『決断・命のビザ』渡辺勝正、杉原幸子著、大正出版、1996年
『諜報の天才　杉原千畝』白石仁章著、新潮社、2011年
『私はシンドラーのリストに載った』エリノア・ブレッチャー著、幾野宏訳、新潮社、1996年
『ホロコーストと外交官　ユダヤ人を救った命のパスポート』モルデカイ・パルディール著、松宮克昌訳、人文書院、2015年
『ユダヤ人を救った動物園　ヤンとアントニーナの物語』ダイアン・アッカーマン著、青木玲訳、亜紀書房、2009年

記憶する、過去から学ぶ

『忘却に抵抗するドイツ――歴史教育から「記憶の文化」へ』岡裕人著、大月書店、2012年
『新訂増補版　アウシュヴィッツ博物館案内』中谷剛著、凱風社 2012年
『ドイツは過去とどう向き合ってきたか』熊谷徹著、高文研、2007年
『21世紀の子どもたちに、アウシュヴィッツをいかに教えるか?』ジャン＝F＝フォルジュ著、高橋武智訳、作品社、2000年
『記憶するワルシャワ　抵抗・蜂起とユダヤ人援助組織ZEGOTA「ジェゴタ」』尾崎俊二著、光陽出版社、2007年◆

絵本

『アンネの木』イレーヌ・コーエン＝ジャンカ著、マウリツィオ・A.C.クゥアレーロ絵、石津ちひろ訳、くもん出版、2010年
『国境を越えて　戦禍を生きのびたユダヤ人家族の物語』ウィリアム・カプラン著、千葉茂樹訳、BL出版、2001年
『パパ・ヴァイト　ナチスに立ち向かった盲目の人』インゲ・ドイチュクローン著、ルーカス・リューゲンベルク絵、藤村美織訳、汐文社、2015年
『コルチャック先生　子どもの権利条約の父』トメク・ボガツキ著、柳田邦男訳、講談社、2011年

Learning about & from the Holocaust

おすすめ映画リスト

「ホロコースト」は、今も多くの監督が描き続けているテーマです。
歴史を多面的に知るための作品がたくさんあります。

チャップリンの独裁者(1940年 アメリカ／監督 チャールズ・チャップリン／120分)
仮想の国の独裁者ヒンケル役をチャップリン自らが演じ、ヒトラーを批判した作品。

SHOAH ショア(1985年 フランス／監督 クロード・ランズマン／567分)
元ナチ党員、生きのびたユダヤ人、収容所近隣の村人などの証言を集めたドキュメンタリー。

さよなら子供たち(1987年 フランス／監督 ルイ・マル／103分)
1944年、ナチ占領下のフランス。ユダヤ人とフランス人の少年の友情が引き裂かれる。

コルチャック先生(1990年 ポーランド他／監督 アンジェイ・ワイダ／118分)
著名な作家でもあったコルチャックは、助命の道があったが、孤児たちとともに死へ送られる。

遥かなる帰郷(1996年 イタリア他／監督 フランチェスコ・ロージ／118分)
ユダヤ系イタリア人プリーモ・レーヴィがアウシュヴィッツを生きのび、故郷にたどり着くまでを描く。原作は『休戦』(プリーモ・レーヴィ著、丸山博英訳、岩波書店)。

スペシャリスト 自覚なき殺戮者(1999年 フランス他／監督 エイアル・シヴァン／123分)
ナチ戦犯アドルフ・アイヒマンの裁判の映像記録を収めたドキュメンタリー。

戦場のピアニスト(2002年 フランス他／監督 ロマン・ポランスキー／149分)
ワルシャワ・ゲットーを生きぬいたユダヤ系ポーランド人ピアニスト、シュピルマンの体験。

白バラの祈り ゾフィー・ショル、最期の日々(2005年 ドイツ／監督 マルク・ローテムント／121分)
ナチに抵抗したミュンヘン大学の学生グループ「白バラ」を描く。

ワルキューレ(2008年 アメリカ／監督 ブライアン・シンガー／120分)
ヒトラー暗殺を企てた実在の将校シュタウフェンベルク[▶P22]を描く。

ハンナ・アーレント(2012年 ドイツ他／監督 マルガレーテ・フォン・トロッタ／114分)
ユダヤ系ドイツ人の哲学者。アイヒマン裁判の報告を出版し論争を引き起こした。

ナチスの犬(2012年 オランダ／監督 ルドルフ・バン・デン・ベルグ／118分)
ユダヤ人の子どもを収容所への移送から救ったドイツ系ユダヤ人ススキンド[▶P59]の実話。

顔のないヒトラーたち(2014年 ドイツ／監督 ジュリオ・リッチャレッリ／123分)
1963年からフランクフルトで行われた「アウシュヴィッツ裁判」[▶P46]を描く。

サウルの息子(2015年 ハンガリー／監督 ネメシュ・ラースロー／107分)
アウシュヴィッツで「ゾンダーコマンド(特務班)」として働かされていた一人のユダヤ人の二日間の物語。1944年10月に実際に起きた暴動が背景となっている。

Learning about & from the Holocaust

訪問授業・ワークショップ・スタディツアー

NPO法人ホロコースト教育資料センター（Kokoro）では、全国の学校や自治体への訪問授業や講演会を実施しています。その他、以下で紹介しているものの詳しい内容については、ホームページをご覧ください。http://www.npokokoro.com

スライド上映とお話（講演会）

「ハンナのかばん～悲しみを希望にかえて」

アウシュヴィッツ博物館から寄贈された「ハンナのかばん」は、命の授業や人権・平和学習などで全国の学校を訪問しています。PTA、自治体や企業の人権研修会での講演も行っています。

「生きのびた少年ジョージの物語」

「ハンナのかばん」の続編。ふたつのナチスの収容所を生きのびたハンナの兄の体験。過酷な生活の中でも"秘密の学校"で学び、仲間と助け合った日々をテーマに。

「杉原千畝と日本にやってきた難民たち」

ユダヤ難民に日本通過のビザを発給して助けた日本人外交官・杉原千畝。その勇気ある行動と、そこから広がった"助けた人たちの輪"。

ワークショップ

「タイムトラベル！ アンネ・フランク」

「アンネの日記」を教材にして、自由、平和について考えるワークショップ。クイズやスライド・ビデオ上映、アクティビティを通して、わかりやすく歴史を学べる入門編。

「なぜホロコーストは起きたのか～ナラティブ・アクティビティ」

数あるイメージの中から、写真を選んで、ホロコーストのナラティブ（主観的な物語）をつくってみると、新しい視点に出会えます。高校・大学生以上。

スタディツアー

百聞は一見にしかず！ ヨーロッパへ「ホロコーストの記憶」をたどる旅に実際に出かけてみませんか？ ナチ最大の絶滅収容所アウシュヴィッツそしてベルリンやアムステルダムの街では、今も次々に新しい記憶のカタチがつくられています。本書著者の石岡史子が引率しているスタディツアーもあります。

著者プロフィール

石岡史子 Fumiko Ishioka

1970年東京都生まれ。NPO法人ホロコースト教育資料センター（Kokoro）代表。世界40カ国で翻訳されている『ハンナのかばん』（ポプラ社）の登場人物・訳者。命を尊ぶ、寛容な心を育むことを目的とした教育プログラム「ハンナのかばん」「アンネ・フランク」「杉原千畝」等を制作し、年間100の学校や自治体で授業を行う。カナダ・ヨーク大学より名誉博士号、米国・ワシントン大学より特別功労賞を授与。共訳書に『なぜ、おきたのか？──ホロコーストのはなし』（岩崎書店）等。愛知教育大学非常勤講師。

岡 裕人 Hiroto Oka

1962年兵庫県生まれ。一橋大学大学院社会学研究科修士課程修了。89年渡独し、コンスタンツ大学大学院歴史学科で博士号取得。ベルリンの壁崩壊を見聞し、以後変革するドイツで歴史研究と教育に携わってきた。現在フランクフルト日本人国際学校事務局長、在フランクフルト。著書に『忘却に抵抗するドイツ──歴史教育から「記憶の文化」へ』（大月書店）、『シュテューリンゲン方伯領の農民戦争とその前史』（博士論文）、共著に『世界の歴史教育』（ゲオルク・エッカート研究所編）（以上2冊独語）等。

写真提供・協力（敬称略）

Christian Yuhki Oka、スクリプカリウ落合安奈、田口雅弘、野村和慎、黒川万千代、山田愛実
斎藤信男、石岡史子、岡裕人、Ian Johnson／New York Review of Book、Karin Richert
United States Holocaust Memorial Museum（USHMM）、Anne Frank House
Auschwitz Birkenau State Museum、Stiftung Gedenkstätte Deutscher Widerstand
Museum Blindenwerkstatt Otto Weidt、The Brady Family、The Grynberg Family
ホロコースト記念館、NPO杉原千畝命のビザ、杉原千畝記念館、人道の港 敦賀ムゼウム
アンネのバラの教会、NPO法人ホロコースト教育資料センター（Kokoro）

「ホロコーストの記憶」を歩く　Holocaust Memory Walk
──過去をみつめ未来へ向かう旅ガイド

発効日	2016年6月23日　初版第1刷印刷
	2016年6月23日　初刷第1刷発行
著者	石岡史子・岡 裕人
企画・編集	北川直実（オフィスY&K）
デザイン	安田真奈己
イラスト地図	柳原バト
印刷・製本	中央精版印刷株式会社
発行者	奥川 隆
発行所	子どもの未来社

〒113-0033　東京都文京区本郷3丁目26-1 本郷宮田ビル4F
Tel 03-3830-0027　Fax 03-3830-0028
振替00150-1-553485
URL：http://www.ab.auone-net.jp/~co-mirai
Email：co-mirai@f8.dion.ne.jp
ISBN 978-4-86412-109-5 C0037
©Fumiko Ishioka & Hiroto Oka 2016 Printed in Japan

＊本書の印税の一部はNPO法人ホロコースト教育資料センターの活動の支援にあてられます